본문에서 음악 찾아보기

블로그 교육자료 비밀번호는 '7840'입니다.

어린이
중국어·한자 교육의
이론과 실제

어린이 중국어·한자 교육의 이론과 실제

2005년 9월 25일   초판 발행
2018년 3월 10일   수정증보판 발행

지은이	신현숙 · 이정희
펴낸이	이찬규
펴낸곳	북코리아
등록번호	제03-01240호
주소	13209 경기도 성남시 중원구 사기막골로 45번길 14
	우림라이온스밸리2차 A동 1007호
전화	02-704-7840
팩스	02-704-7848
이메일	sunhaksa@korea.com
홈페이지	www.북코리아.kr
ISBN	978-89-6324-598-0 03720

값 15,000원

| 어린이중국어지도사 시험 대비 |

어린이 중국어·한자 교육의 이론과 실제

신현숙 · 이정희 지음

북코리아

어린이 중국어교육을 시작한 지 벌써 긴 시간이 흘렀다.

처음에는 유치원에서 아이들을 가르치며 많은 시행착오를 거치기도 했다. 아이들에게 적합한 중국어 교재를 찾지 못해 매 차시 학습주제를 선정하고, 영어와 한국어 유치부 학습교재를 참고하며 중국어 학습 환경에 적용해 보는 시도를 계속하였다. 그러면서 점차 우리는 성인의 중국어교육과 어린이 중국어 교육에는 교수방법에서 뚜렷한 차이점이 있음을 인지하였고, 어떤 체계적인 교육이론과 교수방법 연구의 필요성을 절실히 느끼게 되었다.

그러던 중 2003년 9월 대학 내 평생교육원에서 처음으로 '어린이중국어 지도사' 과정을 개설하고 교육을 담당하면서 중국어교육과 유아교육을 접목시킨 어린이 중국어교육의 교수-학습법을 체계적으로 정립할 수 있는 기회를 얻었다. 하지만 어린이 영어교육과 달리 어린이 중국어교육에 관한 이론 및 교재교구는 전무한 상태였기에 기존의 어린이 영어교육 자료와 한국어 자료를 바탕으로 내용을 재창조하고 중국어에 응용하면서 여러 가지 어려움에 봉착하기도 하였다. 강의를 진행하며 얻은 신선한 아이디어와 학습활동들은 프레젠테이션과 유치원 실습을 통해 학습효과를 검증해 보고, 그 내용들을 정리·편집 과정을 거치면서 어린이 중국어 교수-학습법의 이론과 실제를 모색해 볼 수 있었다.

이 책은 다년간 대학의 평생교육원 '어린이중국어지도사' 교육 과정을 운영하고 지도하며 축적된 경험과 자료를 바탕으로 엮은 것이다. 어린이 중국어 교육을 어떻게 시작해야 할지 모르는 선생님들에게 구체적인 교육 방향을 제시하고, 실제적인 어린이 중국어교육을 담당하는 데 도움이 되었으면 하는 바람으로 책을 내놓게 되었다.

이 책은 총 6장으로 구성되어 있다. **제1장**에서는 어린이의 언어 발달특징과 외국어교학에 관한 전반적인 내용을 다루고 어린이 중국어교육이 어떠한 관점에서 실행되어야 하는지 탐색해 보았다. **제2장**에서는 최신 외국어 교수이론과 유아교육이론을 소개하고 각각의 이론이 실제 중국어교육에서 어떻게 응용될 수 있는지 알아보았다. **제3장** 중국어 교수-학습활동의 이론과 실제에서는 중국어 수업을 설계할 때 6가지 주요학습활동을 어떻게 진행하고 가르쳐야 하는지 상세하게 설명하고 있다. **제4장** 주제별 중국어 학습방안에서는 어린이 외국어교육에서 가장 핵심적인 7개의 주제를 선정하여 각 주제별로 응용될 수 있는 모든 학습활동을 제시하고 종합적으로 수업을 설계할 수 있도록 도와준다. 제3, 4장은 이 책의 중심내용으로서 선생님이 수업현장에서 실제적, 실용적으로 운영해 볼 수 있게 교사 지침서 역할을 담당해 줄 것이다. 마지막 **제5장**은 수업설계안 예시, 환경판, 교구제작방법, 교구 아이디어 제시, 교구사진 등을 포함하여 유아교육 전공자가 아닌 선생님이 교안설계와 교구작업에 대한 충분한 이해를 제공하고자 하였다. **제6장**은 어린이 한자교육에 관한 실제적이고 전반적인 내용을 담고 있다. 한자가 만들어진 원리, 흥미로운 한자학습 및 재미있는 한자 놀이 및 게임을 통하여 한자를 처음 가르치는 교사에게 좋은 가이드가 될 것이라 믿는다.

PREFACE

책에 나오는 주요 챈트와 (개작된) 노래 36곡의 음원은 북코리아 블로그 (https://blog.naver.com/ibookorea)에 게재되어 있으며, 게재된 노래들은 본문에 ⊞ 그림과 함께 **#1**, **#2** 등으로 표시해 두었다. 특히 멜로디로 녹음된 MR은 선생님들이 교육현장에서 바로 응용하여 활용할 수 있게 고려된 것이다.

이 책이 나오기까지 1여 년이라는 시간을 기다려 주고 적극적으로 협조해 주신 북코리아 출판사의 이찬규 대표님, 우리가 어린이 중국어교육에 첫발을 내딛도록 물심양면으로 도움을 주신 한서대학교 중국학과 김진우 교수님께 이 기회를 빌려 진심으로 깊은 감사를 드린다. 그리고 항상 뒤에서 묵묵히 힘이 되어 준 우리 가족들에게도 고마움과 사랑의 마음을 전하고 싶다.

끝으로 충분하지는 않지만 우리의 소중한 경험을 서로 공유하기를 기대하며 부족한 부분에 관하여서는 선생님들의 아낌없는 조언과 질정을 바란다.

2018년 3월
신현숙 · 이정희

CONTENTS

CONTENTS

CONTENTS

제1장

어린이 중국어 교육

어린이 언어발달

유아는 말을 배울 때 자신에게 가장 의미 있는 말부터 배우기 시작한다. 첫 단어를 말하기 시작하는 유아도 자신이 많이 들어오던 단어부터 말하는 것이 아니라, 자신에게 가장 필요한 말부터 먼저 말하기 시작한다. 예를 들면 자신이 많이 들어오던 자신의 이름, 금지의 의미인 "안 돼"라든지, 부모의 사랑 표현인 "사랑해, 예쁘다" 등의 말보다는 "엄마" "아빠" "줘" "물" 등과 같이 유아의 요구를 담고 있는 말을 먼저 하게 되는 것이다.

유아의 문자언어 연구들은 유아가 문자언어를 배우는 과정이 음성언어를 배우는 과정과 유사함을 보여준다. 즉 자신의 요구에 필요한 말부터 사용하면서 말을 익히는 것처럼 글자를 쓰고 읽으면서, 글자를 배운다는 것이다. 이러한 관점은 말하기, 듣기가 이루어진 후에 읽기, 쓰기가 가능하며 읽기, 쓰기 중에서도 읽기를 알아야만 쓰기가 가능하다는 전통적인 관점과는 매우 다른 개념이다.

1 ─ 음성 언어의 발달

(1) 쿠잉과 옹알이

생후 1개월 된 아기는 울음소리 외에 "우"나 "이"와 같은 쿠잉소리(cooing)를 내다가 2개월경부터는 옹알이를 시작한다. 옹알이는 한 음절의 소리로서 모음과 자음을 번갈아 가면서 내는 소리이다. 옹알이의 효과로 볼 수 있는 것은 유아가 옹알이를 통해 발성의 기초적 연습을 한다는 것과 의사소통 능력의 기초를 형성한다는 점을 들 수 있다.

(2) 언어시기

첫돌 전후, 유아의 발화는 명료하지 못하므로 말할 때의 상황에 미루어 짐작해야 하는 경우가 많다. 즉 "우유"라고 말했을 때 "여기 우유가 있어"라는 의미로 말한 것인지 "우유를 먹고 싶어"라는 의미로 말한 것인지 알 수 없으므로 상황의 전후 맥락을 보고 판단해야 한다. 그리고 유아는 모든 사물이 각각의 이름을 가지고 있다는 사실을 모르기 때문에 과잉 일반화현상이 나타난다. 출생 후 18~20개월이 되면 일어문의 시기가 끝나고, 두 단어를 결합하여 자기의 의사를 표현하는 두 단어시기에 이른다. 유아는 두 단어를 배열하여 말하기 시작할 때, 아무렇게나 단어를 나열하는 것이 아니라, 대체로 성인이 사용하는 어순에 따라 말한다. 이것은 언어에는 단어를 묶어서 문장을 만들 수 있는 규칙체계, 즉 문법이 있다는 것을 터득했기 때문이라고 본다. 이 시기, 언어의 중요한 특징은 전보식 문장과 주축어 사용에 있다. 두 단어 중 한 단어는 주축어로, 수는 적으나 사용빈도가 높으며, 그 단어에 다른 단어가 합쳐지는 축의 역할을 한다. "엄마 예뻐", "엄마 쉬"라고 말할 때 "엄마"가 주축어가 되는 것이다.

① 전보식 문장
성인이 사용하는 전보식 문장언어로 양사, 전치사, 접속사, 조동사 등의 기능어가 빠진 내용어만으로 이루어진 문장이다.

② 주축어의 특징

- 두 단어 조합에서 앞이나 뒤의 고정된 위치에 나타난다.
- 단독으로 사용되지 않는다.
- 다른 주축어와 함께 사용되지 않는다.
- 모든 개방어와 조합될 수 있는 특징을 지닌다.

(3) 언어발달의 영향요인

① 아동의 신체적 조건

언어를 습득하기 위해서는 우선 보고 듣고 느끼고 움직이고, 여러 가지 생각을 연합하고, 여러 가지 활동을 협응시키고, 주변에 있는 사람과 사물에 적응할 수 있어야 한다. 또한 언어의 단서가 될 수 있는 음, 몸짓, 얼굴표정을 재빨리 포착하고, 또 직접 사용할 수 있어야 하며, 말을 하면서 앉고, 서고, 움직이는 것도 협응되어야 한다.

② 지적 능력

언어능력에서 지적 능력은 사회적 환경의 변인이 동시에 고려되어야 한다.

③ 가정환경

아동의 처음 언어학습은 가정에서 이루어지며, 처음 교사는 어머니이다. 어머니의 다정한 음성을 많이 접할수록 아동의 언어습득 속도는 빨라지며, 이렇게 성인과 함께 지내는 시간이 많은 아동일수록 그렇지 못한 아동에 비해 훨씬 많은 어휘를 알고 있으며, 긴 문장과 복합문을 사용한다고 한다.

④ 학교환경

교사의 언어모형이 아동의 언어발달에 영향을 미친다. 교사의 목소리, 어휘, 발음, 단어의 선택, 문장구조 등이 아동의 언어학습에 가장 실제적인 예가 된다. 그 밖에 학교의 분위기, 교실의 구조, 시설물, 학교에서 일어나는 여러 가지 학습활동 등도 아동의 언어발달에 중요한 영향요인이다.

2 — 문식성의 발달

음성언어는 말하는 사람과 듣는 사람이 말소리를 통하여 같은 시간, 같은 공간 내에서 의사소통을 하는 것을 말하며, 이에 비해 문자언어는 글이라는 매체를 통하여 의사소통을 하는 것이다. 문식성이라는 말 또한 음성언어와 문자언어 중 특히, 문자언어의 표상체계를 사용하는 것을 말하는데, 읽기와 쓰기활동이 이에 해당된다. 과거에는 이와 같은 과정을 말하기, 듣기와 분리하여 따로따로 교육하여 왔다. 그러나 최근 구어발달과 문어발달의 연구는 이러한 기능은 분리 해서 볼 수 없으며, 의사소통의 전체 과정 속에서 상호연관되어 있음을 밝히고 있다. 연구자들은 구어와 읽기 간에는 연관성이 강하며, 가정에서부터 풍부한 구어를 경험한 아동일수록 일찍 읽을 수 있음을 밝히고 있다. 또한 아동은 일찍 부터 쓰기를 시도해 보는데, 그들의 쓰기를 분석해 보면, 성인의 쓰기행동 모방, 극적거리기, 그림그리기, 철자 꾸며 써보기 등이 쓰기의 초기 형태임을 알 수 있다.

따라서 읽기, 쓰기, 말하기, 듣기는 서로 연계되어 있기 때문에 따로 분리하여 가르치거나 순서대로 가르칠 수 없으며, 동시에 상호연관적으로 지도되어야 한다. 즉 언어는 기능을 나누어 가르치기보다는 통합적이며, 상호연관된 유의미적 상황맥락 속에서 가르쳐야 한다는 것이다. 예를 들어 음식에 관하여 가르치려고 한다면 교사는 토의를 통하여 아동의 말하기를 장려하고, 실제 음식을 관찰하고 맛보며, 음식그림의 이야기책을 읽어주어 듣게 하며, 음식카드 나 책 등을 읽어보게 하고, 음식에 관하여 쓰기, 즉 극적거리기, 크레용으로 그림그리기, 글자 흉내내기 등을 해 볼 수 있다는 것이다.

특히 동화가 중심이 되는 아동문학은 이와 같은 언어교육 및 발달에 가장 강력한 교수매체가 된다고 본다. 아동은 이야기책을 읽어주는 것을 들으면서 다양한 어휘와 구문을 발달시켜 나갈 수 있다. 이와 같이 아동문학은 이야기 를 꾸며보거나 읽기를 시도해보는 행동을 장려하게 된다. 또한 유아교육에서 언어교육은 아동이 성인과 또래의 적극적인 상호작용을 통해 의미 있는 상황 속에서 경험을 하게 함으로써 이루어질 수 있다.

3 — 문식성 발달의 여러 관점

(1) 성숙주의 관점

성숙주의자들은 읽기와 쓰기지도는 아동들이 가장 효과적으로 배울 수 있는 적절한 시기를 기다렸다가 그 때가 되면 시작해야 한다고 주장한다. 6세가 넘는 아동이 아직 글자를 제대로 배우지 못하는 경우에는 그 원인을 학습준비의 미성숙으로 볼 수 있다고 말한다.

(2) 행동주의적 관점

학습자료와 과업을 쉬운 것에서부터 어려운 것의 순서로 적절히 배열하고, 각 단계에 따라 적절한 연습기회를 제공하면 충분히 성숙되지 않은 아동일지라도 읽기학습을 할 수 있다는 것이다. 행동주의 관점에서 볼 때, 프로그램의 구성에서 가장 중요한 기준은 학습내용의 곤란도를 고려하는 일이다.

(3) 상호작용주의적 관점

아동의 언어발달은 그들의 인지적 구조에 의해서 결정되며, 아동의 초기 언어는 그들의 실세계 속에 있는 대상과 사건을 나타내는 방법으로 기술된다. 아동의 인지발달이나 언어발달은 이들 스스로 환경과의 상호작용 속에서 인지적 갈등을 일으킬 때 이루어진다. 이 때 아동의 언어발달을 위해 성인이 할 수 있는 일은 아동의 인지구조에 적합한 물리적 환경을 풍부하게 구성하여 제공하는 것이다.

상호작용주의적 관점의 대표 학자는 피아제(Piaget)이며, 그의 주요 관점은 아동은 환경적인 자극을 현존의 인지구조에 동화시키고, 환경적 자극이 아동의 사고수준을 넘어서는 새로운 차원의 것이라면, 아동은 그들의 인지구조를 조절하여 그들의 사고형태를 수정·변화시킨다고 생각한다. 다시 말하면, 아동이 그가 속한 물리적 환경과 상호작용함으로써 지식을 습득해 간다는 것이다.

(4) 사회적 상호작용주의적 관점

비고츠키(Vygotsky)는 사회적 상호작용을 통하여 사회적 지식이 처음에는 개인 밖의 사회에 머물러 있다가 점차 의식세계에 존재하게 되는데, 이 같은 재구성을 '내면화'라고 한다. 아동의 인지적 능력은 사회와 별도로 이루어지지 않고, 생득적인 것만도 아니며, 수동적인 동화의 과정만을 거쳐 이루어지는 것도 아닌, 사회적인 상호작용의 결과이다. 비고츠키는 아동발달에서 성인의 역할을 더욱 명료화하기 위해 근접발달영역(The zone of Proximal Development)이라는 새로운 개념의 용어를 사용하였다.

근접발달영역(The zone of Proximal Development)이란 아동이 혼자서 문제를 해결할 수 있는 실질적인 발달수준과 성인의 도움과 지원을 받아가면서 문제를 해결할 수 있는 잠재적 발달수준의 차이를 말한다. 이 때 교사는 사회적 대화를 통해 안내와 지지를 함으로써 아동의 다양한 학습과제 수행능력을 중재하고 증가시킨다.

4 — 언어교육과정

읽기학습은 길고 복잡한 과정을 거친다. 이 복잡하고 미묘한 과정의 가장 중요한 부분은 구어의 발달이다. 곧 구어의 기초가 잘 잡혀 있지 않으면 읽기로의 진행은 더디며, 또한 유치원 및 초등학교에서의 듣기학습수준은 읽기이해도의 예언변인이 된다.

(1) 말하기와 듣기 학습

언어교육기관에서 아동의 구어발달을 도울 수 있는 방안을 보면 다음과 같다.

첫째, 교사는 아동의 연령에 관계없이 감정이 풍부하고, 분명하면서 정교한 언어로 모범을 보인다. 의견교환을 많이 필요로 하는 게임과 같은 활동속에서 교사가 언어로 모범을 보이는 것은 아동의 말을 수정해 주는 것보다 효과가 크다. 따라서 극화놀이, 역할극, 손인형극, 이야기하기, 경험토론, 이야기 녹음하기, 간식 준비하기 등도 이를 위한 적절한 활동의 예이다.

둘째, 아동의 말을 주의 깊게 듣는 것이다. 아동이 대화하기 원하는 화제를 가지고 자신의 생각을 표현하도록 도와준다.

셋째, 아동 개개인과 자주 대화를 나누며, 가정이나 학교에서 있었던 특별한 사건이나 경험을 이야기해 보게 한다.

이와 같이 아동을 위한 말하기, 듣기 교육과정의 활동은 읽기의 긍정적 태도, 읽기 이해력, 이야기 구조의 이해를 갖게 하고, 문학의 흥미와 구어 표현력을 증진시킨다.

(2) 읽기학습

아동에게 흥미있고 의미있는 읽기 학습이 이루어지도록 하기 위해, 교사는 다음과 같은 활동을 계획한다.

첫째, 문장이나 구절이 반복되는 책을 읽어준다. 이러한 책을 여러 번 읽음으로써 아동들은 익숙해진 부분을 읽을 수 있게 된다.

둘째, 그림만으로 꾸며진 책을 제시한다. 아동들은 글자가 없어도 그림책의 그림 내용에 맞게 이야기를 꾸민다.

셋째, 일상생활에서 자주 접하는 글자들을 제시한다. 일상생활 가운데 자주 접해서 익숙해진 상표나 주인공 이름, 표시들을 글자와 함께 붙여 놓는다.

넷째, 한 가지 주제로 여러 이야기를 나눈 후에 아동들이 자유롭게 이야기를 나누게 한다. 이 밖에도 극화놀이를 할 수 있게 손인형을 준비한다거나 관련되는 흥미로운 주제를 찾는 등의 반응을 유도한다.

다섯째, 아동들이 읽을 수 있는 노래, 시, 동요 그리고 손유희를 사용하여 반복적·효과적인 읽기가 가능하게 한다.

아동들은 많은 경험과 여러 가지 적절한 문학적인 경험을 통해 읽기를 자연스럽게 학습한다. 말하기, 듣기, 쓰기 그리고 읽기는 상호연관되어 있기 때문에 교육과정을 계획할 때 이를 항상 염두에 두고 계획한다면 아동들에게는 의미있는 언어학습이 될 것이다. 특히 대상 아동들이 아직 어려서 그림을 보고 읽는 척하거나 이야기를 말하면서 글자를 쓰는 것처럼 극적거리기 수준이라면 이는 더욱 중요하다 하겠다.

(3) 쓰기학습

쓰기는 자연스럽고 흥미로운 학습의 한 부분이다. 쓰기를 지도할 때 중요한 점은 아동에게 쓰기의 목적이 무엇인지를 알게 하는 것이다. 아동들이 쓰기의 목적을 스스로 인식하기 시작하면, 그림을 그리고 거기에 이름이나 문장을 극적거리는 것을 볼 수 있다. 이 때 교사는 아동들에게 쓴 것을 읽어보도록 하고, 극적거리고 쓴 것의 옆 공간에 아동들의 설명을 듣고 그대로 적어준다. 또한 다양한 재질로 만든 한어병음, 간체자의 모형들을 보여주며, 아동들이 관심있어 하는 단어나 짧은 이야기를 만들어 볼 수도 있다.

아동들이 글짓기에 흥미를 나타내기 시작하면 쓰기영역에 크레용, 연필, 매직, 다양한 재질의 색종이 등을 준비하여 준다. 또한 교사는 각 아동의 발달적 능력에 민감하게 반응해 주어서 아동들에게 자기 스스로 적극적으로 쓰기시도를 해보게 한다. 초기에 아동들이 쓰는 것은 주로 자신의 이름이나 가족의 이름을 글자화하는 것이다. 아동들이 흥미있고 의미있는 상황 속에서 자발적으로 글자쓰기를 연습하게 되는데, 이 때 교사가 정확하게 쓰는 것을 지나치게 강조하면, 쓰기 자체가 부담스러워질 수 있고, 아동이 창의적 시도 자체를 거부할 수 있다. 따라서 쓰기학습은 자연스럽고 흥미롭게 이루어져야 한다.

(4) 교사의 역할

아동의 구어 및 읽기·쓰기기술의 발달을 위해 교사는 지지적인 역할을 해야 한다. 언어를 학습한다는 것은 아동에게는 커다란 도전이다. 이 과정에서 교사는 아동을 안내하고 지지함으로써 모험정신, 탐구심을 부추겨 주어야 한다. 아동들이 문어지식을 구성하기 위해서는 아동과 문자 간에 의미있는 상호작용이 일어날 수 있도록 문자가 제시되어야 한다. 교사는 인쇄된 문자를 사용할 때 아동이 이미 익숙히 알고 있는 환경 속에서 제시함으로써, 의미있는 전후 상황 속에서 언어와 문해기술의 발달을 자극할 수 있다.

아동들은 인쇄된 문자가 제시된 전후 상황, 즉 색깔, 그림 등을 단서로 하여 인쇄된 문자를 인식하기 시작한다. 예를 들어 유치원 교실에서 문자로 된 영역표시에 그림을 덧붙여 제시함으로써 문자해독력이 없는 아동도 그림을 통하여 문자라는 상징의 기능을 인식하며, 성인의 도움 없이도 그 문자를 사용해 보는 기회를 줄 수 있다.

만일 아동이 연결이 안되는 짧은 문장으로 이야기를 할 경우, 연결단어를 첨가하여 아동이 말한 바를 되풀이하여 준다. 새로운 단어를 소개할 때는 자연스런 대화 속에서 그 단어를 사용하며, 대화의 맥락 속에서 자연스럽게 그 의미를 일러줄 수 있다.

교사는 될 수 있는 한도 내에서 자주 자유토론시간을 가지도록 유도해야 한다. 다른 사람의 말을 들으면서 아동들은 더 정교한 언어를 시작하게 된다. 이 모든 과정에서 아동이 긴장감 없이 편안하게 적응하는 것이 매우 중요하다. 아동들이 글자 꾸며쓰기를 하거나 극적거리기에서 발전하여 무엇인가 쓰기 시작했다면, 교사는 칭찬을 아끼지 말아야 할 것이다. 또한 교사는 아동이 자신이 읽고 있는 내용의 의미가 무엇인지 알도록 도와주는 것도 필요하다. 예를 들어 주변의 단서를 사용한다든가, 다시 되풀해 읽도록 하여 아동의 이해에 도움을 줄 수도 있다.

교사는 아동이 의미있는 말하기, 듣기, 쓰기, 읽기에 적극적으로 참여하도록 도와주어야 한다. 아동에게 재미있는 책을 읽어준다거나 좋아하는 동화를 가지고 역할극을 해보게 하는 것은 단순한 읽기기술이 아닌 읽기, 쓰기와 구어능력을 함께 증진시킬 것이다.

5 — 언어교육을 위한 환경구성

(1) 언어환경의 구성요소

① 물리적 환경

언어발달에 결정적인 역할을 하는 물리적 환경은 언제, 어느 곳에서나 쉽게 언어사용이 가능한 환경이다. 그것은 음성언어의 사용에만 국한되는 것이 아니라, 문자언어도 포함된다.

② 지적 환경

㉠ 기대: 교실에서 아동들에게 갖는 교사의 기대는 아동들의 언어발달에 큰 영향을 미친다. 교사의 말과 행위를 통하여 아동들은 교사의 기대를 감지한다. 교사가 실패의 가능성을 충분히 받아들이며, 지적인 도전을 할 수 있도록 기대하는지, 그렇지 않은지에 따라 아동들의 언어활동은 달라진다.

㉡ 모델링: 모델링은 발달의 모든 수준에서 학습의 강력한 도구로써 영향을 미친다.

㉢ 흥미와 동기유발: 아동들의 흥미는 그들이 호기심을 가지고 탐색하기를 원하는 바로 그것에 있다.

③ 사회·정서적 환경

아동의 언어능력과 사회·정서적 환경관계는 매우 밀접하다. 의미를 주고받는 언어활동은 곧 사회적 활동이 되고, 이 사회적 활동은 의사소통의 정서에 크게 영향을 미친다. 따라서 교사는 언어환경을 구성할 때 사회·정서적인 요인들을 진지하게 고려해야 하는데, 그 중에 가장 중요한 것이 사회적 상호작용과 협동이다.

(2) 언어교육을 위한 환경구성의 전략

① 언어교육의 목표를 분명히 결정한다.

② 의도된 언어교수를 위해 충분한 시간을 할애한다. 시간을 많이 할애할수록 학업성취도는 높아진다.

③ 지시적인 방법과 비지시적인 방법이 혼합된 방법에 의해 학습이 일어날 수 있도록 활동영역을 구성한다. 비지시적인 방법은 교실환경이 교사의 구체적인 언급이 없어도 아동이 자연스럽게 학습활동을 하고 원하는 교육목표를 얻어내는 방법이다. 여러 가지 풍부한 언어적 환경도 아동에게 의미있게 사용될 때 그 의의를 갖는다.

④ 언어환경의 구성요소인 물리적·지적·사회정서적 요인이 잘 조화를 이루어 원하는 학습 활동이 일어나게 해야 한다.

02 모국어와 외국어 교학

1 습득과 학습

(1) 습 득

언어에 대한 이해와 의사전달이 자연스럽게 능숙해지는 무의식적·잠재적인 과정으로 아동의 모국어 발달과 유사하다. 습득(習得)은 자연적인 언어환경 가운데에서 이루어지므로 일정한 교학체계나 교재가 없고, 교사도 존재하지 않으며, 아동은 명확한 언어학습의 의식이 없이 교제활동을 통해 잠재의식적으로 언어를 습득한다.

(2) 학 습

언어의 의식적인 규칙이 발달되는 과정으로 한 언어의 형태가 명시적 지식을 형성하고 그것을 말로 표현하는 능력을 말한다.

학습(学习)은 교사의 지도 아래에서 모방과 연습을 통해 일어나며, 언어체계는 학습된 규칙들의 오류수정을 통해 발전된다. 아동은 학교에 입학한 후에 모국어의 제2단계에 진입하고, 교실에서 교사의 지도 아래 의식적으로 계속 자신의 모국어를 배운다. 즉 교실환경에서 교사의 지도를 받아 교과서를 사용해 언어내용의 이해나 연습, 기억 등의 활동이 계획적·체계적·의식적으로 이루어지면서 언어규칙을 알아가게 되고, 교제능력의 과정이 점차 진행되는 것이 학습이라고 할 수 있다.

2 ── 모국어 습득과 외국어 습득의 비교

(1) 모국어 습득과 외국어 습득의 공통점

① 언어환경

언어를 배우려면 모국어이든 외국어이든 반드시 주관적 조건과 객관적 조건을 모두 구비해야 한다. 주관적 조건은 학습자가 뇌와 언어기관이 반드시 있어야 한다는 것이며, 객관적 조건은 언어환경을 말한다.

사람은 선천적인 언어습득 능력은 갖고 있으나, 언어습득은 후천적 환경 작용을 통해 실현된다. 예를 들면 늑대아이는 사람의 언어환경과 격리되어 있었기 때문에 선천적인 언어습득 능력이 있어도 언어를 사용하지 못했는데 이것은 언어사용 환경이 구비되지 않았기 때문이다.

외국어 습득에도 일정한 언어환경이 존재되어야 하는데, 그 환경이 목적언어의 자연환경이 아닐지라도, 목적언어를 제공할 수 있는 언어환경(교실, 교사, 대화상대자)은 제공되어야 한다.

② 언어습득의 목적

두 언어습득의 목적은 교류능력을 배양하는 것이다. 아동의 모국어 습득은 생존과 주위환경을 알고 교류를 진행시키려고 하며, 외국어 습득 역시 외국어를 듣고, 말하고, 읽고, 쓰기에 목적언어를 사용하여 교류를 진행시킨다.

③ 언어발전의 체계

두 언어의 습득은 모두 음운, 어휘, 문법 등의 요소와 문화적 제약을 이해하여 듣기, 말하기, 읽기, 쓰기의 기능을 형성해야 한다.

아동은 출생 후부터 음운체계의 발전을 시작하고 여러 단계(独词句, 双词句, 电报句)를 통해 언어발전의 체계를 이룬다. 또한 아동은 모국어를 습득하는 동시에 그 언어문화를 습득하고 언어교류를 통해 언어사용의 규칙을 배운다. 외국어 습득 역시 이러한 모국어 언어발전의 체계를 따르게 된다.

④ 언어습득의 순서

두 언어의 습득순서는 "느끼기-이해하기-모방하기-기억하기-굳히기-응용하기"의 단계를 거친다. 이해한 말에 대해 아동은 반복적으로 모방하기를 좋아하며 쉽게 기억하고, 지속적으로 응용하여 사용한다. 즉 모국어이든 외국어이든 아동은 우선 듣기로 언어내용을 이해하고, 모방을 거쳐 말하기순서로 진행되어 간다.

(2) 아동의 모국어 습득과 성인의 외국어 습득의 다른 점

① 주체가 다르다

아동과 성인은 연령, 신체적 조건, 심리 특징이 다르므로 언어 학습의 조건, 방법, 결과도 다르다.

② 동기가 다르다

아동의 모국어 습득은 생존의 요구본능으로 모국어를 모르면 생존할 수 없다. 즉 엄마에게 "젖"을 달라고 하든가 "배고파"라고 표현하는 것은 본능적으로 습득하게 되는 것이다. 또한 아동은 본능적으로 주위세계를 이해하기 때문에 "이게 뭐야?" "왜?"라는 질문을 계속한다.

이와 달리, 성인의 외국어 습득은 교류라는 대전제에서 여러 가지 목적이 있고, 생존문제에 영향을 받지 않는다.

③ 환경과 방식이 다르다

아동은 주위사람들과 실제 교류 가운데에서 습득을 통해 언어를 사용하므로 모국어를 배울 수 있고, 언어교류 능력을 배우는 것이다.

성인은 교실에서 외국어를 습득하기 때문에 발음에서 시작하여 어휘, 문법의 과정으로 진행된다. 실제적인 교류활동의 결여로 학습자들은 언어 상황의 접촉이 불가능하고 일련의 연습만을 진행하게 된다.

④ 과정이 다르다

아동은 단어습득을 실제 접촉한 사물에서 배운다. 아동은 처음에 '고양이, 개'의 예처럼 네 발이 달린 것은 '개'라고 인식한 후에 '고양이'도 네 발이 달렸음을 알고 울음소리나 모양으로 차이점을 인지해가면서 개념을 정리한다. 성인은 이미 '고양이'이라는 개념이 있고, 단지 외국어로 어떻게 표현하는지, 발음이 어떻게 되는지 모를 뿐이다.

⑤ 문화요소 습득이 다르다

아동은 사회의 일원이 되어야 하고, 사회가 받아들일 수 있는 방식으로 생각을 표현한다. 모국어와 문화의 환경 속에서 교류를 통해 모국어를 습득하며, 자연스럽게 문화와 그 사회가 요구하는 규칙을 습득한다. 하지만 특히 모국어 환경 속에서는 동시에 외국어의 문화를 습득하기가 쉽지 않은데, 이것은 먼저 주입된 모국어 문화가 습득 중인 외국어 문화에 여러 가지 영향을 끼치기 때문이다.

3 ── 어린이의 외국어 교학

언어습득은 자연적으로 이루어지며, 이 과정이 지나면 학습으로 이어진다. 습득은 마치 아동의 모국어 습득과 같은 것으로 무의식적 과정이며, 학습은 의식적 과정으로 어떤 언어를 아는 것, 즉 한 언어의 형식을 아는 것을 의미한다.

오늘날 외국어 교학에서는 습득과 학습이론이 함께 적용되고 있다. 특히 아동의 언어습득순서와 외국어를 배우는 순서는 일반적으로 비슷하다고 알려지고 있고, 이것은 아동의 외국어 교학도 처음에 모국어의 습득순서를 따를 때 가장 효과적이라고 보기 때문이다. 아동은 선천적으로 LAD(language aquisition device)라는 "언어습득장치"를 가지고 있어 언어환경에 노출되기만 해도 마치 스펀지가 물을 빨아들이듯, 자연스럽게 그 언어를 습득할 수 있다. 아동의 외국어 교학은 모국어 습득과 마찬가지로 언어학습의 의식이 없이 교제활동을 통해 이 같은 자연스런 언어습득 작용이 진행될 수 있기 때문에 듣기를 먼저 시작하여, 말하기로 순서를 옮겨가는 것이 가장 바람직하다고 할 수 있다.

다음은 아동의 외국어 교학 지도시의 방법이다.

첫째, 교사는 아동을 격려하고 칭찬하여 아동이 최대한 능동적으로 수업에 참가하도록 해주어야 한다. 겁이 많고 소심한 아동에게 질책이나 꾸짖는 행동을 피하고, 아동들이 편안함을 느낄 수 있도록 최대한 자연스런 분위기를 만든다.

둘째, 아동의 무의식적인 기억은 어떤 기억방법을 동원하지 않으므로 아동의 생활 중에 의미가 큰 사물이나 흥미와 연관된 내용과 감정, 체험을 유발할 수 있는 상황으로 내용을 설정한다. 예를 들면 생일(生日), 색깔(颜色), 동물(动物), 가족(家人) 등의 화제를 선택하는 것이다.

셋째, 상황이 있는 자연스러운 맥락 속에서 언어를 제시하여야 하며, 언어 내용의 맥락이나 상황을 제시하기 위해서는 이야기를 사용하거나 아동에게 익숙한 상황을 제시하며, 등장인물의 특징을 활용한다. 교사가 아동에게 외국어로 지시나 질문을 할 때 몸동작 또는 표정과 같은 비언어적 요소를 함께 제시한다면 아동이 언어의미를 추측하는 데 훨씬 효과적이다.

넷째, 챈트, 노래, 역할놀이, 게임, 경쟁, 격려와 상, 그림카드 같은 방식을 이용해 아동의 주의력을 집중시키고 시간을 연장시킨다.

다섯째, 영아식 직접화법 방식(儿向语言: child-directed language)을 사용한다.

영아식 직접화법 방식이란?

① 성인이 아동과 이야기할 때 사용하는 언어음은 높고, 어조가 과장되며, 속도가 비교적 느리고 정지가 많다.

② 어머니가 영아에게 말하는 언어로, 간단한 언어형식을 사용한다. 즉 어머니의 언어사용수준이 대명사를 적게 사용하고 아동의 당시 수준과 비슷하게 된다.

③ 성인은 아동과 이야기를 나눌 때 대화가 순조롭게 되는지의 여부에 관심을 가지고 아동의 잘못은 적게 지적한다. 아동의 잘못을 지적하더라고 대부분은 단어사용의 잘못이다.

④ 성인과 아동이 사용하는 대화화제는 대부분 현재나 현장에 있는 내용으로, 이것은 아동의 인지발달과 언어발달에 근거한다.

L1: first language (모국어)
SL: second language (제2외국어-외국에서 생활하면서 배우는 그 나라 언어)
FL: foreign language (자기 나라에서 배운 외국어)
CFL: Chinese as a foreign language (외국어로서의 중국어-한국에서 배우는 중국어)

03 어린이의 중국어 습득과정

 어린이의 중국어 습득

(1) 喃语阶段

영아가 음을 변별하고 발성하는 단계이다. 이 단계에서는 영아가 성인의 지시를 이해할 수 있고 성인과 피동적인 언어교류를 진행한다.

예 엄마가 "웃어봐(笑一笑)"라고 말하면 영아는 엄마의 표정을 보고 엄마의 지시를 이해한다.

예 엄마가 "아빠한테 인사하자(跟爸爸再见)"라고 말하면 영아는 엄마의 행동을 보고 엄마의 지시를 이해하며 손 흔드는 행동을 따라한다.

(2) 独词句阶段

단어로 언어를 표현하는 단계이다. 이 때 단어나 수식구조는 하나의 문장으로서의 역할을 하며 일반명사나 일부분의 동사를 사용하게 된다.

예 '妈妈'의 여러 가지 의미 ― 这是妈妈, 我要妈妈, 我肚子饿了, 我要撒尿
일반명사와 동사 ― 牛奶, 饼干, 再见, 跳, 站

(3) 双词句阶段

두 단어로 문장을 이루고, 의미를 표현하는 단계이다.

예 要奶, 要糖, 爸爸好, 妈妈好

＊

두 단어 사이의 어순·어의 관계

단어의 어순이 성인언어의 어순과 거의 비슷하다. 모국어의 언어발전 단계에 따라 아동의 중국어
교학순서를 진행하는 것이 바람직하다.

爸爸踢　　　　坐在这里　　　　筷子在桌子上　　　　爸爸的衣服

주체-동작　爸爸踢, 狗狗叫
동작-장소　坐在这里
물건-장소　筷子在桌子上
소유자-소유물　爸爸的衣服
동작-동작의 영향을 받는 대상
주체-주체의 영향을 받는 대상

(4) 电报句阶段

성인이 전보를 치는 것과 같은 문장을 구성한다. 이 때 다단어가 출현하고 문장은 실사만 사용하며 허사는 보통 사용하지 않는다.

> **예** 宝宝肚肚饿, 妈妈袜袜

(5) 成人句阶段

아동의 모국어 습득과정이 완성되는 시기이다. 아동은 어법감각이 생기며, 눈앞에 보이는 사물을 표현할 수 있고, 과거와 미래를 말하며, 존재하지 않는 사물의 이야기를 만들기 시작한다.

2 — 어린이의 중국어문장 형성

(1) 단 어

동일한 단어는 서로 다른 환경에서 다른 감정과 동작으로 다른 의미를 가지기도 한다. 이런 단어를 크게 네 종류로 분류할 수 있다.

　　지칭 —爸爸, 妈妈
　　행위 —喝, 爬
　　부정 —不要, 我不
　　어기 —嗯

(2) 기초단어

아동이 처음에 말할 수 있는 단어는 50개 정도가 된다. 이것은 사물을 나타내는 것이 대부분으로, 아동이 접할 수 있고, 움직임이나 소리가 있는 것이다. 사물을 나타내는 단어 외에는 동작을 나타내거나 수식어 정도가 있다.

아동이 사용할 수 있는 단어

球 / 狗 / 橙汁 / 妈妈 / 爸爸 / 牛奶 / 车 / 小娃娃 / 鞋子 / 饼干
给 / 放 / 坐 / 停 / 走 / 上 / 下
脏 / 好 / 多 / 这个
是 / 对 / 你好 / 不要 / 再见

첫 번째 단어그룹: 사람이나 동물, 물건의 이름

두 번째 단어그룹: 분명한 행동의 표현과 지시(坐, 放), 이때 어떤 위치나 방향
    을 나타내는 단어와 함께 쓰임(坐下, 放下)

세 번째 단어그룹: 대명사(我的, 这个), 사람이나 물체의묘사(好)

네 번째 단어그룹: 개인적이거나 사회성 단어(是/不是, 对/不对, 再见)

 생각해 봅시다

▶아동이 자주 사용하는 단어를 한국어로 보충해 봅시다.

(3) 회 화

① 의미파악

아동은 개별단어의 의미를 다 알지 못해도 무슨 의미인지 파악하는 능력이 뛰어
나기 때문에, 이러한 능력을 외국어 습득에서 이용하도록 장려한다. 의미의
추측능력을 최대한 활용하기 위해서는 의미 있는 상황을 제공하고, 이 때 문장
을 분석적으로 제시하지 말고, 전체(통문자 개념)로 제시하여야 한다.

　　　　예　给我牛奶 → 给我水 → 给他牛奶

아동은 점차 "给"와 "我"가 한 단어가 아니라는 사실을 인식한다.

② **문장확장**

ㄱ 아동이 말한 단어를 확장시켜 문장으로 되풀이한다.

(아이가 콜라를 가리킬 때)   孩子: 可乐。

老师: 要喝可乐吗？

(아이가 모자를 볼 때)   孩子: 戴帽子。

老师: 你想戴帽子吗？

 만들어 봅시다

▶ 단어를 제시하고 문장을 만들어 봅시다.

ㄴ 아동이 말한 문장 중에서 한두 단어를 선택하여 다시 말한다.

a. 孩子: 我要这个枪。

老师: 我想你要这个枪。

b. 孩子: 老师洗手。

老师: 你洗手，他洗手，大家都洗手好吗？

만들어 봅시다

▶ 간단한 문장을 만든 후 다시 그 단어를 사용해 문장을 확장시켜 봅시다.

ㄷ 상황에서의 문장구성

a. (아이가 장난감 차를 밀고 있다)

孩子: 车!

老师: 很好的车。

孩子: 开!

老师: 车开到哪儿去？

(아이가 장난감 차를 밀고 있다―시간이 흐른 뒤)

孩子: 车开。

老师: 车开得很快。

b. (아이가 우유를 달라고 말한다)

孩子: 牛奶!

老师: 这是牛奶。

(아이가 자신의 우유를 다 마셨다—시간이 흐른 뒤)

孩子: 牛奶多一点。

老师: 真的吗？

 만들어 봅시다

▶ 상황을 제시하고 문장을 만들어 봅시다.

제2장

어린이 중국어 최신 교수-학습법

전신반응 교수법
TPR : total physical response

전신반응 교수법은 미국의 심리학자 제임스 애셔(James Asher)가 창시하여, 1970년대 교육현장에 나타난 교수법으로, 아동의 모국어 습득이론을 근거로 한다. 이 교수법은 외국어를 배우는 과정도 아동이 모국어를 배우는 과정과 흡사하다고 보고, 듣기로 먼저 언어내용을 이해하고 나서, 말로 이것을 표현한다는 것이다. 이는 인간의 두뇌에는 모국어이든 외국어이든 쉽게 배울 수 있도록 언어학습을 위한 생물학적 프로그램(bio-program)이 독특한 순서와 양식으로 존재하여, 듣기가 말하기보다 앞서 언어와 신체활동의 결합으로 언어가 쉽게 습득된다고 주장하기 때문이다. 또한 아동은 언어학습 자체가 편안하고 즐거운 경험이 되어야 하므로, 추상적인 형태나 언어형식을 공부시키기 보다는 동작을 통해 의미를 이해하며, 학습하는 것이 효과적이라고 보고, 언어학습을 신체운동과 연관시켜 학습효과를 높이고자 한다.

아동이 처음 접하는 언어는 주로 엄마나 주위 사람들의 말 가운데 명령형 형태이다. 따라서 아동은 일상생활에서 자주 말하는 명령형태를 주로 학습하게 되는데, 아동은 이 명령어를 듣고 손 뻗기, 잡기, 움직이기, 쳐다보기, 가리키기 등의 신체적 활동을 수반하면서 듣기학습을 진행한다. 아동은 듣기의 초기 단계를 거치면서 인지가 반복됨에 따라 언어내용이 차츰 기억에 남게 되고 점차 자동적인 구두반응이 유발되어 비로소 말을 배울 수 있는 것이다. 아동이 언어내용을 이해했는가의 여부는 명령에 따라 움직이는 아동의 행동을 관찰해보면 알 수 있다. 아동이 외국어 학습에서 느끼는 부담감과 불안감을 줄이고, 흥미유발과 재미의 지속으로 아동의 성취감을 높이고 격려하는 데 그 목표가 있으므로 중대한 의미상의 오해가 없는 한 오류를 교정하지 않는다.

① ── TPR의 실행절차

① 교사가 간단한 지시를 내리면서 행동을 해 보인다. 아동이 명령의 뜻을 이해하고 어느 정도 숙달되면 시범 없이 지시만 한다.

> 예 站起来 / 坐下 / 走一走 / 停一下 / 转一转 / 跳一下 / 摸一下 / 开 / 关/ 进来 / 出去

② 한 아동을 지명한 후 교사가 함께 행동한다. 아동이 시범을 보이는 동안 다른 아동들은 관찰을 한다.

③ 전체 아동을 대상으로 지시를 한다. 속도를 빠르게 하여 지시를 내린다.

④ 지시들을 잘 따라하게 되었을 때 교사는 새로운 다른 지시어를 시도해본다.

> 예 명사(물체를 가리키면서): 门 / 窗户 / 椅子 / 桌子

지시를 내리는 자와 행동을 하는 자의 역할을 바꾸어 행동을 할 수도 있다.

⑤ 동작과 물체를 연결시켜보고 어느 정도 숙지되면 일련의 동작으로 보여주며 지시를 한다.

> 예 명사와 동사 연결하거나 일련의 동작을 연결시킨다.
>
> 门 → 走到门 → 开门
>
> 我开门 → 关门 → 进来 → 坐在椅子上

⑥ 그룹이나 개인 활동으로 진행시켜 나간다.

⑦ 갑자기 한 아동의 이름을 부르며 아동들이 연습하지 않은 지시를 내려본다.

> 예 在椅子上跳一下

이 때 아동은 잠시 머뭇거리다 책상 앞으로 가거나 튀어오르는 동작만을 할 수도 있다.

⑧ 마무리는 是／不是를 유도하는 질문으로 아동의 이해도를 점검한다.

> ⑩ 这是门吗？ 是／不是

⑨ 명령형태를 이용한 게임을 한다.

2 ── 교사의 역할

① 교사는 아동의 행동을 직접 지시하는 역할이므로 적극적인 모습과 구체적인 수업계획 준비가 필요하다. 교사는 아동의 외국어 오류를 바로 수정하지 말고 단계가 점차 높아짐에 따라 피드백을 주어 올바른 표현을 할 수 있도록 자연스럽게 이끌어야 한다.

② 초기단계에서 교사는 아동그룹에게 지시를 내리면 아동들이 행동을 따르지만 나중에는 아동들이 지시를 내리고 교사가 행동으로 보여줄 수도 있다. 아동들이 지시에 따라 행동할 때 서로의 행동을 보면서 학습하는 상호작용을 일으키기도 한다.

③ 처음에는 교사의 말, 행동 그 자체가 교재이다. 하지만 단계가 진행되거나 아동이 언어 내용을 이해하지 못할 경우를 위해 실물 그림이나 카드 등을 제시하여 설명해 줄 수 있다.

3 ── TPR을 사용할 수 있는 어휘들

① 동작이 가능한 동사: 연관된 동작으로 순서대로 표현할 수 있는 것이 좋다.

> ⑩ 起立, 坐下, 摸椅子, 摸桌子

② 명사: 색깔, 신체를 나타내는 명사

③ 형용사: 맛을 표현할 수 있는 형용사

> ⑩ 甜, 咸, 辣, 苦

④ 숫자
⑤ 위치와 방향

중국 어린이의 언어발전 분석(명사 54%, 동사 25%)

(어휘)　　3살반 – 명사 830개, 동사 646개
　　　　　4살반 – 명사 756개, 동사 361개
　　　　　6살 – 명사 781개, 동사 295개
(문장구조)　간단한 구문
(문형)　　진술문(평서문)–의문문–명령문–감탄문의 순서로 진행

 생각해 봅시다

▶ 전신반응 교수법을 사용할 수 있는 어휘를 생각해봅시다.

• 동사:

• 명사:

• 형용사:

• 기타:

4 ── **TPR 수업의 예**

(1) 로봇놀이 1

활동목표 대상에 따라 예절바른 중국어를 사용한다.

교육적효과 사회생활 - 기본생활습관 - 예절바르게 생활하기

활동방법

① 교사가 지시를 말하면서 동작을 보여준다. 아이들은 교사의 지시대로 따른다.

　　예 请坐 / 请站起来 / 请跳跳

② 이 때 교사는 "请"의 의미를 설명하고 "请"을 붙이면 움직이라고 하고 "请"을 붙이지 않으면 움직이지 말라고 한다.

③ 연습이 끝나면 두 아동 중 한 아이를 로봇이라고 정하고, 한 아이는 명령을 지시하라고 한다. 또는 아이를 두 명씩 짝짓게 하고, 로봇이 되는 역할과 지시하는 역할을 모두 연습하게 한다.

　　※ "请"을 "老师说"로 바꾸어 진행해도 된다.

(2) 로봇놀이 2

활동목표 여러 가지 낱말을 듣고 그 관계를 이해한다.

교육적효과 언어생활 - 듣기 - 일상생활에 관련된 낱말과 문장 이해하기

준 비 물 노래나 챈트 이용(我是机器人)

활동방법

> 我是机器人　我是机器人　我能坐在这儿
> 我是机器人　我是机器人　我能拥抱你
> 我是机器人　我是机器人　我能握握手
> 我是机器人　我是机器人　我能站在这儿

① 교사는 팔과 다리를 뻣뻣하게 하고 로봇처럼 걸어다닌다. 그리고 "我是机器

人"라고 말한다.

② 의자에 뻣뻣하게 앉아서 "我能坐"라고 말한다. 뻣뻣하게 일어나서 "我能站"이라고 말한다.

③ 한 아이에게 다가가 악수를 하면서 "我能握手"라고 말한다.

④ 위의 방법대로 반복하면서 아이들이 따라하게 한다.

⑤ 문장순서대로 로봇동작을 취하며 아이들과 함께 한다.

⑥ 마지막으로 노래나 챈트로 엮어 동작과 함께 로봇처럼 움직인다.

   ※ 교사가 금속모자나 냄비를 이용한 모자를 만들어 쓰고, 진짜 로봇같이 소리 내면 아동들이 더욱 좋아할 것이다.

(3) 숫자와 인사

활동목표 일상생활에서 사용되는 여러 가지 수에 관심을 가진다.

교육적효과 탐구생활 - 논리·수학적 사고 - 일상생활에서 수 활용하기

준 비 물 중국아동이 그려져 있고, 그 위에 숫자가 붙여진 부직포판

활동방법

① 교사는 다음과 같이 말한다. "1에서 15까지의 숫자가 있어요. 우리 친구들이 좋아하는 숫자를 불러보자."

② 아이들을 한 명씩 지명하여 중국어로 숫자를 부르게 한다.

③ 아이가 숫자를 부르면, 교사는 부직포를 하나씩 떼어낸다.

④ 하나씩 떼어내면 중국아동이 인사하는 그림이 나온다.

⑤ 아이들에게 중국어로 인사하는 법을 가르친다.

⑥ 위와 같이 연습을 한 후 다음 시간에는 전체 아이들이 숫자를 부르면, 한 아동이 숫자를 떼게 한다.

(4) 맛의 느낌

활동목표 여러 가지 맛을 보고 그 차이를 알아본다.

교육적효과 건강생활 - 감각·운동과 신체조절 - 감각을 통해 사물의 차이

식별하기

준 비 물　　각종 음식(糖, 盐, 醋, 辣椒)과 이것을 액체로 만든 것

활동방법

① 교사는 먼저 네 가지 맛이 나는 액체를 책상 위에다 놓는다.

② 한 아이를 불러내 액체들을 맛보게 한 후 맛에 따라 다음과 같은 표정을
　짓도록 한다.

　　· 단맛을 맛보면 웃고 다시 한번 마시며, 엄지손가락을 내보인다.

　　· 매운맛을 맛보면 입을 크게 벌리고 입쪽을 향해 손을 연신 흔든다.

　　· 신맛을 맛보면 몸을 부르르 떤다.

　　· 짠맛을 맛보면 미간을 찌푸린다.

③ 아이가 표정을 지으면, 그 때 교사가 중국어로 맛의 형용사를 말한다.

④ 다시 아이가 맛을 보게 한 후 말로 하지 말고, "표정"으로 나타내도록 한다.

⑤ 아이가 표정을 지으면 다른 아이가 그 맛을 맞춰보게 한다.

　이 때, 아이가 맛을 보고 자연스럽게 맛의 동작을 취하게 하여 추측하게
　할 수도 있고 교사가 맛에 따라 동작을 지시할 수도 있다.

⑥ 맛에 대한 선행학습이 끝나면 각종 음식을 준비한다.

⑦ 아이와 교사가 함께 각종 음식을 먹는다.

　T : (설탕을 먹었을 때 교사가 말한다) 糖很好吃, 很甜。

⑧ "甜"을 여러 번 반복한다. 그러면 아이들은 "甜"이 "달다"라는 것을 알게 된
　다.

　※ 반복과정을 통해 맛의 느낌을 나타내는 형용사(甜, 酸, 苦, 辣, 咸)를 다양하게 말할
　　 수 있다.

(5) 깃발게임

활동목표　　여러 가지 감각을 활용하여 사물을 다루어 보고, 주위 환경을 인
　　　　　식한다.

교육적효과　　건강생활 — 감각 · 운동과 신체조절

준 비 물　　두 가지 색깔의 깃발

① 교사는 깃발을 보여주고 색을 말한다. 아이들은 색깔(红色, 黄色, 黑色, 白色)을 구별하고 올리고 내리는 동작을 듣고 행동할 수 있다.

② 교사는 깃발을 들고 아래위로 올렸다 내렸다 하며 "拿上, 拿下"이라고 말한다.

③ 아동을 2명 불러내어 각기 양손에 색깔이 다른 두 개의 깃발을 들게 한다.

④ 교사가 지시하면 아이들은 그 지시에 따라 알맞은 깃발을 든다.

> T: 拿上红色 (오른손)
>
> 拿下白色 (왼손)
>
> 拿上红色 (그대로 정지)
>
> 拿下红色 (깃발을 아래로 내림－이런 식으로 계속 게임을 진행한다.)

※ 게임의 응용으로 "掉下(떨어뜨리다)"나 "捡上(줍다)" 등의 동작을 첨가할 수 있다.

(6) 귓속말 게임

활동목표 소리를 듣고 식별하여 성질과 기능을 알아본다.

교육적 효과 건강생활 — 감각·운동과 신체조절 — 감각을 통해 사물의 차이 식별하기

준 비 물 부직포로 만든 침대, 세숫대야, 밥, 칫솔, 옷

활동방법

① 준비한 교구를 이용해서 아이들에게 물건과 관련된 구체적인 동작을 중국어로 이해시킨다.

② 교구(침대, 세숫대야 그림 등)를 칠판 위에 붙인다.

③ 아이들을 두 팀으로 나누어 각기 일렬로 세운다.

④ 교사는 맨 앞에 있는 아동 두 명을 불러내 귓속말로 한 가지 행동을 중국어로 말해준다(각각의 팀에게 다른 동작을 주문한다).

⑤ 귓속말을 전달받은 마지막 아이는 지시된 행동에 맞는 물건을 칠판 위에서 찾아내고 행동을 취한다.

▶ 전신반응 교수법을 설계해 봅시다.

• 활동목표:

• 교육적 효과:

• 준비물:

• 활동방법:

02 　　　　　　　　　주 제 중 심　통 합 교 육　학 습

❶── 외국어 교육에서 통합의 필요성

(1) 교육과정에의 적합성

통합적 아동교육과정은 유아를 전인적인 인격체로 보고 발달영역, 교과영역, 흥미영역을 영역별로 모두 통합하여, 통합된 전체 경험 속에서 학습하도록 도와주는 교육과정이다. 아동에게 알맞은 교수학습방법은 어떤 특정한 목표와 방법에 의한 교육보다 사회, 정서 등의 생활영역이 상호연관되어 효과적인 상호작용이 이루어질 수 있는 것이 적당하며, 통합적·전체적인 맥락에서 경험·학습할 수 있는 것을 추구한다.

　또한 아동은 주위를 탐색하고, 여러 경로를 통해 정보를 얻고, 그들의 경험·생각·느낌을 표현하며 발달을 성취해 나간다. 생각을 받아들이고 표현하는 과정에서 아동들은 말하기, 듣기, 읽기, 쓰기 등 모든 것을 동원한다. 이와 같이 언어는 모든 주제로부터 지식을 얻기 위해 사용하는 수단이 되지만, 외국어 학습에서 특히 의사소통 기능위주를 지나치게 강조하여 구성하다 보니 교재의 전체적 내용이 '언어기능'의 단순한 나열에 불과하여, 학습서가 산만한 느낌을 줄 수 있다. 이러한 구성은 결국 언어습득의 필수조건 중 하나인 언어를 자연스럽게 제시하고, 사용하도록 하는 상황맥락을 어렵게 할 뿐만 아니라, 실제성 부족과 활동이 지나치게 단편적인 흥미위주로 편성될 수 있다는 문제점이 있다.

그러나 최근 아동의 외국어 교육방향이 전인교육을 지향하면서도 유치원, 초등학교의 특성과 목적범위 내에서 언어기능의 통합을 강조하는 경향을 보인다는 것은 참으로 바람직한 일이다.

(2) 아동발달 단계에서의 적합성

아동들은 인지적·정서적·신체적·사회적으로 성장과정 중에 있어 모든 영역의 발달이 상호연관되어 통합적으로 나타난다. 중국어 교육도 이러한 아동의 성장발달 과정에 따라 일어나므로 유·초등학교 전체 교육과 연관지어 교육과정의 구성을 이루는 것이 바람직하다.

그러므로 내용수준이 낮아 아동들의 흥미와 의욕을 낮추기보다는 오히려 아동들이 이미 알고 있는 다른 교과학습의 방법, 즉 실험, 관찰, 조사, 수집, 만들기, 노작, 견학, 실습 등의 체험적 활동과 이미 아동이 학습하여 내면화되어 있는 다른 교과내용을 중국어 학습에 적용시켜 아동들에게 인지적 도전감을 제공할 필요가 있다. 이런 일련의 과정은 중국어 사용을 통해서 학습자의 사고와 학습을 자극할 수 있다.

(3) 적절하고도 풍부한 언어환경

언어는 자연스러운 상황맥락 속에서 광범위한 입력이 주어지고, 실제 의사소통인 언어를 사용함으로써 습득이 가능하다. 그러나 우리나라는 아동들이 실생활에서 중국어 사용의 동기와 기회를 갖기가 사실상 어렵기 때문에 중국어 시간만이라도 실생활과 경험에 직접적으로 관련된 내용을 다룰 필요가 있다. 게다가 아동의 생활범위는 거의 학교와 가정으로 제한되어 있어, 학교생활 자체가 아동에게 갖는 의미는 아주 크다. 따라서 아동의 교과학습은 그것이 곧 그들의 현실세계이기 때문에 중국어 학습에서도 다른 교과의 내용을 학습하게 되면, 아동은 자기도 모르는 사이에 각 교과나 주제와 관련된 다양한 분야의 어휘와 표현을 자연스러운 맥락 속에서 풍부하게 제공받고, 또한 일관성 있는 언어를 학습할 수 있다.

(4) 유·초등에서의 중국어 통합

중국어 학습에서 중요한 점은 다른 교과내용에 있는 것이 아니라, 통합에 의해 만들어지는 다양하고 유의미한 언어활동에 있다. 하지만 우리나라의 수업상황을 감안하여 적용가능한 것은 '중국어 수업에 다른 교과의 소재 도입하기' 라든가, 아니면 '중국어 수업에 다른 교과학습방법 적용시키기' 등을 들 수 있다. '다른 교과의 소재도입'은 수업의 내용적인 면과 관련되는 것으로 주제중심 학습방법에 해당되며, '다른 교과의 학습방법 적용'은 수업의 방법적인면과 연결되며, 만들기, 그리기, 노래 등의 몇 가지 활동을 통해 이미 제한적이나마 적용이 되고 있다. 따라서 교사는 이 점을 숙지하고 우리나라에서 적용가능한 요소들을 찾아 다양하게 통합을 추진할 필요가 있다.

② 주제중심의 통합학습

(1) 주제중심 학습의 기본개요

주제중심 학습이란 아동이 흥미를 느끼는 주제를 선정하여, 하나 이상의 과목으로부터 주제와 관련된 활동과 언어를 선택하여 지도하는 것이다. 예를 들어 '바퀴'라는 주제와 관련해서는 과학(바퀴를 이용한 여러 실험), 사회(내가 좋아하는 바퀴), 읽기(동화책 읽기), 쓰기('바퀴'를 주제로 동시 짓기), 음악(바퀴를 가지고 연주하기), 미술(바퀴의 본뜨기), 체육(바퀴 굴리기) 등 여러 활동의 관점에서 지도가 가능하며, 흥미와 수준에 맞는 활동의 선택을 통해 확장활동으로 연계할 수도 있다. 따라서 주제중심의 학습은 다양한 주제와 활동을 통해 여러 가지 언어기능과 내용을 통합할 수 있고, 별다른 제약 없이 어떠한 환경에 서든지 적용할 수 있다는 장점이 있다.

(2) 주제중심 학습의 내용구성

다른 교과의 내용을 중국어 학습에 통합시키려면 관련내용을 포함할 수 있는 기준개념이 필요하다. 그 중 하나가 바로 주제(主題)이다. 주제중심 통합학습은 바로 이러한 주제를 바탕으로 조직·진행된다. 주제중심 학습은 언어뿐만 아니라 내용과 개념도 강조한다는 것을 알 수 있다. 주제중심 학습의 구성절차를 살펴보면, 일반적으로 '주제선정 → 주제망 짜기 → 언어선정 → 활동의 선택과 배열 → 실행 → 평가'의 과정에 따라 전개된다. 위와 같은 주제중심의 학습은 교육과정의 구성수준과 단계에 따라, 내용상황이나 아동의 학습속도에 맞춰 융통성 있게 운영할 수 있는 장점이 있다.

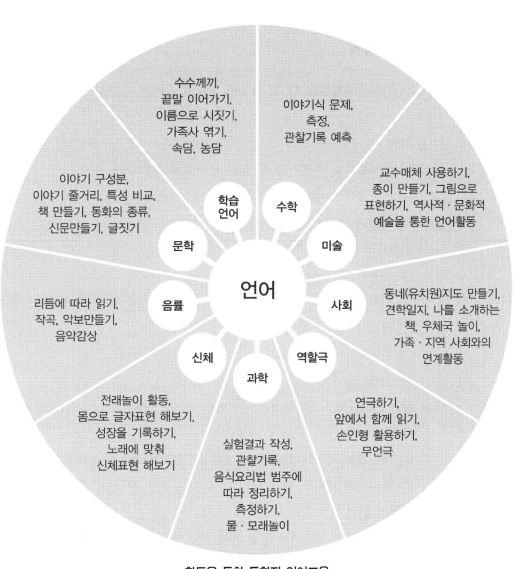

활동을 통한 통합적 언어교육

3 — 언어발달을 위한 환경구성

(1) 언어영역

여러 가지 언어활동을 할 수 있도록 자료가 준비된 공간을 말한다.

① 기능
  ㉠ 언어발달을 촉진시킬 수 있는 언어교육 활동제공
  ㉡ 언어활동에 필요한 공간제공
  ㉢ 자료의 보관·전시

② 기본교구·교재
  ㉠ 아동의 키에 맞는 책상과 걸상
  ㉡ 편안한 의자나 푹신한 방석
  ㉢ 책꽂이 또는 선반
  ㉣ 칸막이
  ㉤ 칠판, 융판, 게시판

③ 듣기 언어영역 : 듣기능력은 언어발달의 가장 근본이며 집중력 향상에 영향을 미친다.
  ㉠ 녹음기와 녹음테이프(음악, 효과음, 교사가 녹음한 동화)
  ㉡ 라디오와 헤드폰

④ 말하기 영역
  ㉠ 언어발달이 미숙한 아동을 위해서는 그 능력이 향상되도록 교사의 다양하고 정확한 어휘 사용이 필수적이다.
  ㉡ 아동이 자기 의사를 자유롭게 표현할 수 있도록 개인별 혹은 소그룹별로 활동을 이끌어 주는 것이 중요하다.
  ㉢ 말하기 활동자료
    • 융판과 융판자료
    • 손인형 등 각종 인형과 인형극 틀

- 그림으로 읽는 동화
- 그림순서카드
- 역할놀이용 자료
- 모형전화기

⑤ **읽기활동 영역** : 교실에서 글자의 제시는 아동에게 읽고자 하는 동기를 충분히 줄 수 있는 의미있는 방법으로 제시되어야 한다.

  ㉠ 동화책

  ㉡ 동요·동시집

  ㉢ 사전종류(그림사전)

  ㉣ 글자책(교사 제작)

  ㉤ 글자블록

  ㉥ 자석판과 글자

  ㉦ 글자퍼즐

  ㉧ 어린이가 만든 이야기 책

⑥ **쓰기활동 영역** : 교실에서 쓰기교육은 쓰기준비 활동과 쓰기활동을 모두 함께 다루고 있다.

  ㉠ 모양종이

  ㉡ 필기도구 및 지우개

  ㉢ 단어카드 및 필순카드

  ㉣ 다양한 형태의 베껴내기 판(장판글씨, 점자글씨)

  ㉤ 컴퓨터와 자판

(2) 극화놀이 영역

① 극화놀이는 실제와 유사한 상황에서 대화하므로 구어의 성장을 활발하게 이끈다.

② 교사는 극화놀이 영역에서 사용하는 소품에 이름을 적어 두어 아동들이 자발적으로 읽도록 지도한다.

③ 교사는 여러 가지 소꿉놀이 도구들을 정리할 때 분류기준을 아동과 함께

정한 후 글씨로 기록하여 읽기를 유도한다.

(3) 미술놀이 영역

① 교사는 미술놀이 영역에서 사용하는 도구들을 읽기자료로 활용가능하다.
② 아동이 물감을 칠하거나 그림 그리기, 상자 등을 이용하여 집이나 자동차 등을 만들었을 때 아동의 이름을 쓰도록 장려할 수 있다.

(4) 수·과학 영역

① 아동들이 게임을 하거나 분류활동을 할 때 교사는 쓰기활동이 일어날 수 있도록 유도할 수 있다.
② 과학놀이 영역에서는 아동이 관심을 가지고 있는 주제와 관련된 책이나 백과사전을 준비해 둘 수 있다.
③ 교사는 관찰영역에서 아동이 물체를 관찰할 때 필요한 사항을 적어놓아 읽기를 자극할 수 있다.
④ 과학놀이 영역에서 키우는 동물의 먹이를 생각해보고, 설명하는 과정에서 쓰기활동을 장려할 수 있다.
⑤ 과학영역에서의 요리활동은 총체적 언어학습의 기회를 제공한다.

(5) 블록놀이 영역

아동과 함께 동네를 견학한 후 교사는 지역 안의 건물을 만들고 해당하는 이름을 적어 아동들에게 제공하고 나누어 줄 수 있다.

03 프 로 젝 트 학 습 법
Project Approach

1 ── **프로젝트 접근법의 개요**

프로젝트란 아동이 개별 또는 집단으로 특정 주제를 깊이 탐구하는 것을 의미한다. 프로젝트 활동을 전개하면서 교사들은 유치원 또는 학교에서 학습하고 있는 지식과 기능을 실제적으로 아동들이 직접 적용할 수 있도록 이끌어줄 수 있으며, 어린이들은 프로젝트 활동을 통해 그들을 둘러싼 주변세계와 학습에서 얻은 많은 관심 있는 사항을 더욱 깊이 있게 생각하는 기회를 갖는다. 곧 어린이들은 일차적 정보원을 조사해 가는 과정을 통해 그들의 물리적 환경과 문화적 배경을 학습한다.

프로젝트 접근법은 다른 문화와 배경을 가진 어린이들의 교육에서도 효과적인 적용이 가능하다. '생일파티' '자전거' '우리 동네' 등의 주제를 탐색하면서 프로젝트를 수행하는데, 그 과정은 아동의 연령수준이나 주제특성에 따라 짧게는 며칠, 길게는 몇주일 동안 시행된다. 교사는 수업 전에 먼저 주제망을 짜고, 프로젝트 진행과정 속에서 아동의 관심과 흥미에 따라 아동과 함께 구체적인 학습내용과 학습방법을 결정하고 진행해 나간다.

2 ── **단원중심 접근법과 프로젝트 접근법의 차이**

두 접근법은 주제선정 과정, 조직과정, 운영과정에서 모두 큰 차이를 보인다. 즉 단원 중심 접근법에서는 교사의 의도된 계획 아래 아동이 활동에 참여하나, 프로젝트 접근법에서는 아동이 능동적인 주체가 되어 학습내용의 선정과 조직, 운영의 전 과정에서 능동적인 참여 주체가 되고 있다는 점이 매우 다르다.

이 밖에 단원중심 접근법은 교사에 의해 교육과정이 미리 계획되며, 사전에 교육목적이 미리 설정되는 데 반해, 프로젝트 접근법은 아동, 교사, 부모가 모두 함께 참여하여 서로의 경험을 공유하고, 유기적인 발전을 모색하며, 교사와 아동 간의 협의를 통하여 목적을 설정한다. 또한 단원중심 접근법은 한 반의 모든 어린이가 동일한 활동을 이행하고 그 수행기간이 짧지만, 프로젝트 접근법에서는 여러 가지 대안 중에서 어린이가 직접 자신의 활동을 선택할 수 있고, 비교적 수행기간이 길다. 마지막으로 단원중심 접근법에서는 부모의 참여 활동보다는 아동의 활동을 참관하는 경우가 많다. 이에 비해 프로젝트 접근법에서는 부모가 아동의 활동에 자료와 정보를 제공하고, 아동의 활동을 격려하며, 극놀이와 전시활동에 참여 한다.

3 — 프로젝트 접근법의 특성

(1) 전인적 성장을 지향한다

프로젝트 활동은 단편적인 한 가지 교육만을 가르치는 것이 아니라, 아동의 전인적인 성장을 도모한다. 여러 프로젝트 활동 속에는 아동이 다른 수업시간에서 익히는 그 어느 활동보다도 광범위한 기능을 포함하고 있다.

- 학문적 기본 기능: 말하기, 읽기, 쓰기, 세기, 측정하기
- 과학적, 기술적 기능: 자료관리, 컴퓨터와 과학 장비의 사용, 관찰하기
- 사회적 기능: 서로 도와주기, 협의, 팀워크
- 인간관계: 주고받기, 감사, 자기 주장 관철시키기

(2) 활동을 통하여 만족감과 성취감을 얻는다

프로젝트 접근법을 도입한 수업에서는 아동에게 단순히 언어적 발전만이 아닌, 전인적인 성장을 가능하게 한다. 아동은 자신의 노력으로 얻은 활동결과물을 통하여 충분한 만족감과 성취감을 동시에 얻는다.

(3) 아동의 능동적 독립심을 길러준다

프로젝트 진행을 통하여 아동들은 끊임없는 선택을 하게 되고, 자신의 과제에 스스로 책임감을 부여한다. 이는 아동들이 중등학교 이상의 교육과정에 올라가서도 각 교과활동에서 필요로 하는 상위능력을 자연스럽게 발휘할 수 있는 중요한 계기가 된다.

(4) 언어와 지식을 자연스럽게 통합시킨다

프로젝트에서 생산되는 언어표현은 과제와 관련되며, 아동은 자신의 진행활동을 성공적으로 만들기 위해 많은 언어표현을 도입하고 연습하며, 언어의 각 분야를 잘 연계한다. 이 때에 교사는 프로젝트 전체나 각 활동의 언어목표를 항상 분명하게 인식하고 있어야 하나 아동은 이에 지나치게 좌우될 필요는 없다. 아동에게 언어는 학습해야 하는 지식이라기보다 목적을 위한 수단이라는 생각이 강하여, 나이 어린 유아일수록 언어목표보다는 언어를 통해 성취하는 결과물에 더 관심을 갖는다.

(5) 융통성 있는 교육과정 운영이 가능하며, 다양한 능력과 배경을 가진 집단에게도 적용가능하다

프로젝트는 다양한 교육과정 운영이 가능하여, 프로젝트의 내용에 따라 여러 가지 보충활동과 주요활동이 상호 유기적인 관계로 연결되어 있다. 이와 같은 열린 교육과정의 운영은 능력의 차가 크고, 요구와 관심이 다른 이질적인 학급에도 적용가능하다. 학급 전반에 걸쳐 진행되는 활동에서도 서로 자신의 다양성을 발휘하면서, 프로젝트를 수행할 수 있으며, 또한 과정 중에 개인적인 기여도가 높아지면 아동들은 자신감과 수업의 흥미도가 높아져 학습에 적극적인 동기부여가 될 수 있다.

4 ─ 프로젝트 활동의 기본요소

프로젝트 활동의 다음에 나열하는 다섯 가지 기본요소는 아동의 다양한 흥미와 학습요구를 충족시킬 수 있는 융통성 있는 프로젝트를 만들기 위한 수단을 제공한다.

(1) 집단토의

학급 전체 또는 소집단으로 모여 개인적으로 가지고 있는 다양한 문제와 아이디어를 토의하면서 아동은 서로의 의견도 나누고, 교사의 지도도 받을 수 있다. 일단 토의과정을 통해 주제를 다루면 아동들은 이보다 더 큰 집단 내에서도 각자의 생각을 공유하기가 쉬워진다.

(2) 현장활동

아동은 보고, 듣고, 냄새 맡고 다른 여러 감각을 이용한 직접적 경험을 통하여 새로운 정보를 이해할 때에 가장 잘 학습할 수 있다. 이런 점에서 현장활동은 아동에게 개인적인 경험을 바탕으로 새로운 지식을 쌓아나가게 하며, 학교(또는 유치원) 안에서 학습한 것을 학교 바깥의 세계와 연결할 수 있도록 한다.

(3) 표 현

아동은 주제와 관련하여 자신의 경험을 통해 획득한 정보를 검토하고 조직적으로 정리한다. 또한 자신의 경험과 견해에 차이점이 생기면, 이에 대해 논의하고 필요한 질문 사항을 정리한다. 이 밖에도 다양한 표현을 동원하여, 자신의 경험 결과를 해석·정리 및 표현한다.

(4) 조 사

아동은 자신의 과제를 위해 필요한 부모, 가족 또는 친구를 만나 면담을 하면서 자신이 가지고 있는 궁금증의 해답을 찾는다.

(5) 전 시

프로젝트 활동을 하는 동안 아동은 저마다 활동내용을 벽면이나 게시판에 전시를 하는데 이는 자신의 유용한 자원을 제공하는 것이 될 뿐만 아니라, 다른 아동으로부터 아이디어를 제공받는 기회가 되어 서로에게 정보공유의 계기가 된다.

5 ── 프로젝트의 진행과정

(1) 준 비

① 예비주제망 구성
② 주제와 관련된 정보출처 조사
    ㉠ 1차 정보원: 사람, 실물, 장소, 사건
    ㉡ 2차 정보원: 책, 잡지, 팜플렛, 화보, 비디오테이프, 사진

(2) 시 작

① 동기유발—비디오, 이야기
② 경험표현—교사경험, 아동경험(언어, 그림, 모형 등으로 표현)
③ 교사와 아동의 주제망 구성
    ㉠ 브레인스토밍
    ㉡ 유목화(종류, 재료, 기구, 생각나는 것)—소주제 주제망 작성

   ⓒ 질문목록 작성

(3) 전 개

① 현장견학 사전준비 — 주변사람의 도움, 책, 실물
② 현장활동 조사 — 관찰, 전문가 면담, 스케치, 글, 그림
③ 현장견학 사후활동 — 쓰기, 책을 통한 조사활동, 실험하기, 만들어 보기,
  순서도 그리기, 자세히 그리기

(4) 마무리

① 전시준비 — 결과발표 및 토의
② 초대장 만들기
③ 전 시
④ 전시 후 마무리 — 과정 전반의 피드백

6 ─ 프로젝트 활동의 예

(1) 이야기 나누기

〈몇 살이니〉

활동목표 생일과 관련된 낱말과 문장을 듣고, 그 뜻을 이해한다.
교육적효과 언어생활—듣기—일상생활에 관련된 낱말과 문장 이해하기
준 비 물 수 플래시 카드
활동방법

① 그 동안 배웠던 1~10의 수를 복습한다.
② "你几岁?" "我七岁"등 나이를 묻고 대답의 표현을 익힌다. 반 소그룹 모두
  가 다같이 짧은 문장으로 말한다.

③ 교사는 교실을 돌면서 "你几岁?"라고 묻고, 각 아이들로부터 차례대로 대답을 듣는다.

④ 이 연습이 끝나면, 쭉 둘러앉은 순서대로 첫 번째 아이가 묻고, 두 번째 아이는 대답하고, 다음에는 두 번째 아이가 세 번째 아이에게 묻는다. 이렇게 계속해서 모든 아이들이 묻고 대답한다.

〈생일 케이크와 노래〉

활동목표 생일파티에서 사용되는 수의 의미에 관심을 가진다.

교육적 효과 탐구생활−논리수학적 사고−일상생활에서 수 활용하기

준 비 물 하드보드지로 만든 커다란 케이크, 하드보드지로 만든 초, 이름

활동방법

① 아이들과 함께 벽에 아이들 키높이 정도로 종이 케이크를 붙이고, 그것이 무엇인지 말해주면서 초를 보여준다.

② 교사는 한 아이에게 "你几岁?"라고 말한다. 그런 후 나이만큼 손가락을 보여주며 몇 살인지를 중국어로 알려주고 반복시킨다.

③ "我七岁"라고 말한 경우 7개의 초를 종이 케이크의 가는 구멍에 꽂는다. 그런 다음 다시 그 초들을 꺼내서 그 아동에게 초를 직접 꽂게 한다.

④ 아이들에게 "祝你生日快乐!"를 가르쳐준다.(노래참조)

⑤ 노래를 다 부른 후 다른 아이들에게 이 아이가 몇 살인지 중국어로 다시 묻고 대답하게 한다.

※ 매달 아동의 생일이 돌아올 때마다 아동이 자기 나이에 맞는 숫자만큼의 초를 케이크에 꽂게 하고, 케이크에 아이들의 이름표를 붙이며 함께 "祝你生日快乐!"를 부른다.

※ "생일축하합니다"노래를 중국어로 개사하여 부른다.

♪　祝你生日快乐!

祝你生日快乐　祝你生日快乐
我们爱你　爱○○
祝你生日快乐

(2) 만 들 기

〈초대장 만들기〉

활동목표   여러 가지 자료를 이용하여 다양한 방법으로 만들고 꾸민다.

교육적효과   표현생활—표현—만들기와 꾸미기

준 비 물   색지, 가위, 풀

활동방법

① 팝업책을 응용한 초대장에 미리 준비해 둔 생일 케이크 그림을 가운데에 붙인다.

② 초대장 앞과 뒤를 적당히 꾸미고 생일 축하 문구도 잊지 않고 써 넣는다. 아이들에게 카드 앞면에다 축하 글을 쓰게 한다. 글자를 쓰지 못하는 아이들에게는 미리 글을 써준 카드를 준다.

③ 다 만든 카드는 교실벽면에 전시하여, 나중에 생일을 맞은 아이에게 줄 수도 있다.

〈고깔모자〉

활동목표   다양한 소재를 창의적으로 활용하여 조형활동을 한다.

교육적효과   표현생활—표현—다양한 소재를 활용하여 조형 활동하기

준 비 물   빨간색 종이, 가위, 풀, 반짝이, 천으로 된 고무줄

활동방법

① 원뿔 모양의 전개도를 그린다.

② 전개도의 옆면을 붙인 후, 끝 가장자리에 반짝이 줄을 돌려가며 붙여준다.

③ 고무줄을 얼굴크기에 맞춰 양 끝에 단다.

〈악기 만들기—마라카스〉

활동목표   다양한 소재를 창의적으로 활용하여 조형활동을 하고, 창의적인 표현활동을 한다.

교육적효과   표현생활—표현—다양한 소재를 활용하여 조형 활동하기

준 비 물 　시트지, 가위, 빈 통캔 두 개, 콩 약간

활동방법

① 다 먹은 캔 구멍에 소리가 잘 날 수 있는 콩 또는 다른 것들을 넣어준다.

② 콩이 구멍으로 빠져 나오지 못하도록 봉한 후, 캔 옆면까지 예쁘게 싼다.

③ 그 밖에 생일기분을 낼 수 있도록 예쁘게 옆면을 꾸민다.

〈파티장식하기 — 색테이프를 이용한 고리 만들기〉

활동목표 　여러 가지 재료를 이용하여 만들고 꾸며 본다.

교육적효과 　표현생활－표현－만들기와 꾸미기

준 비 물 　색종이, 가위, 풀

활동방법

① 파티분위기를 위한 색테이프 고리를 만든다.

② 색종이를 길이 2㎝ 정도로 적당하게 자른다. 색깔은 다양하게 여러 가지
　 색깔을 이용하고 풀을 한쪽 면에 살짝 붙이고 고리를 만든다. 계속 고리를
　 이어 기다란 줄로 엮는다. 핀이나 압정을 이용하여, 천장에 자연스럽게 매
　 달고 파티분위기를 낸다. 이 때 풍선을 함께 사용해도 좋다.

〈생일 케이크 만들기〉

활동목표 　생일과 관련된 다양한 활동을 통하여 물질의 변화과정을 관찰하
　　　　　 고 비교한다.

교육적효과 　탐구생활－과학적 사고－물질의 변화과정 관찰하기

준 비 물 　핫케이크 가루, 여러 장식용 과일, 초

활동방법

① 핫케이크 가루를 이용하여 간편하게 핫케이크를 만든다.

② 생크림과 과일을 이용하여 케이크를 꾸미고, 초코시럽을 이용하여 생일축
　 하문구를 쓰는 것도 잊지 않는다.

③ 생일초도 꽂아놓는다.

(3) 게 임

〈선물 맞추기〉

활동목표 주변의 물건을 관찰하고 그 성질을 알아본다.

교육적효과 탐구생활─과학적 사고─물체의 성질 탐색하기

준 비 물 요술통, 여러 가지 선물

활동방법

① 보통 크기의 통을 준비한다.

② 여러 모양의 선물을 집어넣는다.

③ 한 사람씩 나와서, 손을 통 안에 집어넣고 만진 후, 선물의 내용을 맞힌다.

④ 맞으면 점수를 얻을 수 있다.

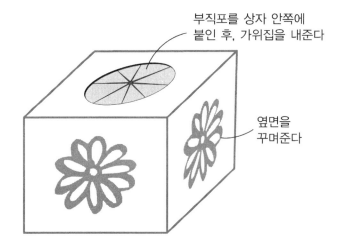

부직포를 상자 안쪽에
붙인 후, 가위집을 내준다

옆면을
꾸며준다

04 총 체 적 언 어 교 수 법
whole language approach

1 — 총체적 언어교육의 이론적 가치

(1) 코메니우스

코메니우스(Comenius)는 총체적 언어접근법과 같은 유사한 학습방법을 강조하여, 언어교육의 선구자로 불린다.

(2) 듀이

듀이(Dewey)는 교육과정은 아동의 특성을 고려하면서, 아동의 경험과 활동의 의미를 함께 고려하여 상호관련성을 찾아야 한다고 주장하였다.

따라서 그는 학교교실은 여러 가지 도구와 자료로 가득 차서 아동이 능동적으로 학습활동에 참여하고, 무엇인가를 구성해내고 창조해 낼 수 있는 실험의 장이 되며, 생활의 장이 되어야 한다고 하였다.

(3) 피아제

피아제(Piaget)는 아동을 가리켜 지식전달을 기다리는 수동적인 존재가 아니라, 자신의 세계를 이해하기 위해 끊임없이 의문을 가지고 적극적인 노력을 하는 능동적인 존재로 보았다.

(4) 비고츠키(Vygotsky)

비고츠키(Vygotsky)는 아동들의 언어발달이나 사고의 발달은 교사나 성인과의 상호작용 그리고 또래와의 놀이 상호작용 속에서 이루어진다고 하였다.

(5) 홀리데이(Halliday)

홀리데이(Halliday)는 아동의 언어습득은 실제적인 행위를 통해서 습득되며, 언어는 관찰과 분석의 대상이 아닌 의사소통의 도구로 쓰이는 능동적인 언어라고 했다.

2 ── 총체적 언어교육의 개념

① 아동이 언어를 쉽게 학습할 때에는 그 언어가 사실적·자연적·총체적이며, 또 흥미롭고 학습자 중심의 언어인 경우이다.
② 언어를 음소나 낱글자를 중심으로 가르치는 것이 아니라, 의미를 지닌 덩어리로 보고 사용하는 것이다.
③ 아동에게 언어를 가르치기 위해 의도적으로 언어를 분할·분석하는 것을 권하지 않는다.
④ 교사개입보다는 아동 스스로가 자신이 지니고 있는 사전 지식과 경험에 따라 의미를 구성해 나가는 것을 지지한다.
⑤ 여기서 말하는 "총체적"이라 함은 언어의 기본단위를 "의미"에 중요성을 두는 것이며, 언어의 말하기, 듣기, 읽기, 쓰기들을 인위적으로 구분하기보다는 총체적·통합적으로 하게 하는 것에 무게를 둔다.

3 ── 총체적 언어교육의 전략

① 아동에게 끊임없는 관심을 보인다.
② 아동에게 가능한 한 많은 듣기기회를 갖도록 배려한다.
③ 아동에게 그림책을 많이 보여주면서, 그것에 관심을 가지도록 유도하는 것이 좋다.

④ 그림책을 많이 읽어주는 시간을 갖는 것이 필요하다.

⑤ 다양한 질문으로 아동의 사고를 자극하여, 뇌를 수렴적으로 또는 확산적으로 발달하도록 만드는 것이 좋다.

⑥ 자발적인 질문을 많이 하도록 한다.

⑦ 항상 쓰기 활동에 접하도록 기회를 준다.

4 ── 총체적 언어환경의 구성 −언어교육을 위한 환경구성의 원리

① 의사소통이 다양한 방법으로 이루어지는 것을 권장하는 환경이어야 한다.

② 아동을 위한 총체적 언어환경은 정확하고 깔끔하기보다는 아동에게 자꾸만 표현하고 싶은 마음이 들 수 있는 허용적 언어환경이다.

05 의사소통중심 언어교수법
CLT: communicative language teaching

1 ── 의사소통중심 언어교수법이란

이 교수법은 영국학자가 1980년대에 제안한 것으로 의사소통 기술의 훈련을 강조하여 정보의 상호보충을 매우 중요시한다. 또한 아동이 외국인과 상호작용을 진행하여 문화와 관련된 학습을 할 수 있도록 유도하기 때문에 문답방식이 아닌 의사소통의 기능에 역점을 두어 외국어를 가르치는 것을 특징으로 한다. 언어내용은 아동의 동기를 유발시킬 수 있는 것으로, 실제 아동의 환경상황이나 생활경험과 관련이 있어야 한다. 교사는 아동의 수준을 고려하여 의사소통 이전 활동과 의사소통 활동으로 구분하여, 처음에는 의미를 전달할 수 있는 어휘와

문장을 이해시키고, 유사한 상황을 만들거나 상황적 맥락을 제공하면서 이를 충분히 연습하도록 한다. 다음 단계에서는 아동이 의사소통 기능을 적용할 수 있는 활동으로 역할분담식 대화를 통해 실제적인 의사소통 활동을 하게 한다. 이 교수법은 바로 아동의 사고계발을 도와주는 가장 적당한 방법이며, 의사소통 기능을 중점으로 하기 때문에 두 사람 이상의 연습을 강조한다.

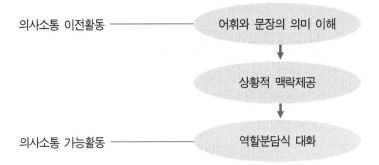

(1) 교사의 역할

교사는 아동에게 활동에 참여할 수 있는 기회를 많이 제공하고 상호작용이 활발한 학습을 기대한다. 또한 교사는 아동 상호간, 아동과 활동, 과제 간의 의사소통과정이 원활하게 진행하도록 도움을 주며, 아동과 마찬가지로 참여자가 되어야 한다.

(2) 교 구

아동이 언어내용의 의미를 이해하지 못했을 경우 실물교재, 그림판, 그림카드, 잡지, 광고물, 신문 등 보충교재를 이용해 아동에게 실제적 상황을 제공해 준다.

(3) 활동방법

이야기 나누기, 역할극, 게임

2 ── CLT 수업의 예

상황 1

상자 안에 사과를 넣고 상자를 열어 아동에게 말한다.

> T: 这是香焦。
> S: 아니에요.
> T: 这是什么?
> S: 这是苹果。

정보의 상호보충방식으로 반복학습을 통해 아동에게 "这是~"용법을 익히게 한다. 아동은 반복적인 학습과 사고로 학습내용을 이해하게 되고, 직접적으로 완전한 문장을 만들 수 있다. 아동이 언어내용을 이해하지 못했을 경우 교사는 그림카드를 보여주며 "苹果, 这是苹果"라고 말한다.

상황 2

어항그림판을 제시해주며 아동에게 여러 가지 그림이 그려져 있는 카드를 보여준다. 어항 속에 무엇이 있는지 아동에게 물어보고, 아동은 물고기가 그려진 그림카드를 든다.

> T: 这里有什么?
> S: 물고기 그림을 든다.

아동이 질문을 못 알아들었을 경우 교사는 물고기 동작을 하며 아동의 논리적 사고를 도와준다.

상황 3

교사는 과일가게에서 무슨 과일을 파는지 아동에게 물어본다. 과일가게에서 물건을 팔고사는 상황에서 어떤 표현이 나올 수 있는지 아동과 이야기를 나눈다.

*역할활동(가게주인과 손님)

T: 你买什么？

S: 我买苹果。

T: (빨간사과와 초록사과를 보여주며) 红色的还是绿色的苹果？

S: 红色的。

T: (빨간사과 구문을 한번 더 사용한다) 你买红色的苹果吗？

S: 对。

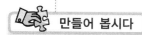 만들어 봅시다

▶역할분담식 대화를 나눌 수 있도록 실제적 상황을 제공해 봅시다.

제3장

중국어 교수-학습 활동의 이론과 실제

어린이 중국어 수업의 단계별 지도방안

어린이 중국어 수업은 아동에게 중국어의 흥미와 자신감을 갖게 하고, 기초적인 의사소통 능력을 갖게 하는 데 그 목적이 있다.

어린이 중국어를 지도하다 보면, 아동의 신체적·정신적인 성장에 따른 관심변화와 그들의 흥미를 지속적으로 유지시키기 위해서는 활동중심·놀이 중심의 학습방법이 절대적인 영향을 미치고 있음을 알 수 있다. 유·초등학교 아동의 발달단계상 주의집중력이 약하고, 가만히 앉아 있지 못하기 때문에 역동적이고 흥내내기를 즐기는 아동에게는 직접 참여하여 움직이도록 해 주어야 하고, 다양한 신체활동과 감각적인 활동을 하도록 해야 한다. 또한 아동의 왕성한 기억력의 특성을 살려 반복적인 학습을 의도적으로 제공할 필요가 있다. 아동은 다재다능함과 다양한 학습방식을 지니고 있기 때문에 다양한 학습 방법을 동원하여 그들의 언어능력과 재능을 길러주어야 한다.

언어학습의 최종목적은 내면화(internalize)와 개별화(personalize)에 있으며, 교사의 일방적인 가르침보다는 아동이 중심이 되어, 통합적인 커리큘럼을 취하는 것이 좋다. 여기에 열린 교육의 도입과 수준별, 심화, 보충지도의 필요성도 제기된다고 본다.

수업의 목표달성을 위한 고정된 수업절차는 없다. 하지만 다만 수업절차로는 실질적이고 자연스러운 언어환경이 주어지는 인사 나누기, 출석확인, 날씨, 날짜, 요일 등을 묻고 대답하기 등의 일상적인 상황을 차시마다 반복하는 도입단계, 단계별로 익힌 언어를 반복하는 복습단계, 새로운 언어를 제시하는 전개단계, 아동들과 함께 연습하는 연습단계, 아동들과 함께 발화해보는 발화단계를 둘 수 있으며, 마지막 단계로는 활동들을 마무리하는 마무리 및 평가단계로 나눌 수 있다. 여기서 중요한 것은 수업단계에서 의사소통을 할 수 있도록 수업절차를 구성하고 열린 수업을 만드는 것이다.

1 ── 도입단계

도입단계에서는 실질적이고 자연스러운 언어 환경이 주어지는 인사, 출석확인, 날씨, 날짜, 요일 등을 묻고 대답하기 등 일상적인 것을 매번 반복하여 기본사항을 자연스럽게 익히게 한다. 교사는 주로 묻고 아동은 대답하는 것이 일반적인 방법이나, 교사는 아동이 흥미 있어 하는 캐릭터 인형(미키마우스, 둘리, 엽기토끼 등)을 이용하여 변화를 주거나, 더 나아가서 인형을 아동이 교대로 직접 사용하여 말하도록 함으로써 교사중심에서 아동중심으로의 변화를 시도해 볼 수도 있다.

이 단계에서는 교실분위기를 부드럽게 하고 아동이 중국어를 친근하게 느끼도록 인사노래를 활용한다. "站起来"라는 지시어를 사용하여 아동을 자리에서 일어나게 한 후 "你好"노래를 부르는 동안 친구들과 서로 악수하며 인사하도록 하여 수업의 시작을 이끈다. 이 때 자리에 앉는 것보다는 일어서서 활동하면 먼 데 있는 친구들과도 활발하게 악수하면서 인사할 수 있다. 노래가 끝나면 "请坐"라는 지시어를 사용해 다음 단계의 수업을 위해 분위기를 정돈한다.

어린이 중국어의 시작단계 지도방안을 살펴보면 다음과 같다.
첫째, 인사단계에서 교사는 수업을 시작하면서 인사노래를 하자는 표시를 한 후 다음과 같은 교실 중국어를 사용하며 노래를 부른다.

    T: 大家好!

S: 老师好!

T: 好, 我们一起唱"你好"歌儿吧。 一, 二, 三, 四。

T/S: ♪ 你好! 你好! 你们好!

　　　　你好! 你好! 老师好!

※ 헤어지는 인사

　　♪　我们都再见

　　　　我们都再见

　　　　我们都明天见

　　　　老师再见　朋友再见

인사노래는 항상 수업시작 전과 수업 끝난 후에 부르는 것이 좋다.

둘째, 날씨, 계절, 주말에 한 일을 묻는 일상들을 묻고 답하는 것이다.

〈날씨〉

　　T: 　- 今天天气怎么样?

　　　　 - 天气好不好?

　　S: 　- 天气很好

　　　　 - 天气还好

　　　　 - 天晴了 / 有云 / 天阴了

　　　　 - 下雨 / 下雪

　　　　 - 有风 / 刮风

　　　　 - 雨很大

　　　　 - 太阳很大

　　　　 - 风很大

　　　　 - 云很多

　　　　 - 雪很多

〈기분〉

　　T: 今天怎么样?

S: 我高兴 / 快乐 / 我不太高兴

T: 你睏不睏?

만들어 봅시다

T : 你生气了吗? (   )

S : 你饿不饿?   (   )

〈요일〉

T: 今天星期几?

S: 星期二。

※ 요일노래

♪ 星期一, 星期二, 星期三, 星期四, 星期五, 星期六, 星期天

#1

※ 숫자노래(数字歌儿)

1, 2 (1, 2)

3, 4 (3, 4)

5, 6, 7 (5, 6, 7)

8, 9, 10 (8, 9, 10)

11, 12 (11, 12)

13, 14 (13, 14)

15, 16, 17 (15, 16, 17)

18, 19, 20 (18, 19, 20)

我们唱数字歌儿

※ 선창, 후창으로 나누어 노래하면 한층 재미를 더할 수 있다.

〈이야기 나누기〉

T: 昨天你做什么了?

S: 我去动物园了。

T: 天气好不好?

S: 很好。

셋째, 출석확인을 들 수 있다. 출석 부르기는 언어입력을 제공한다는 측면에서 매일 시도하는 것이 바람직하다.

〈출석부르며 노래하기〉

T/S: ♪ ○○在哪儿　○○在哪儿

我来了　我到了

你好吗　大家好

见到你　我很高兴

※ 영어동요 "Are you sleeping?" 노래에 맞춰 부른다.

〈이름 묻기〉

T: 你叫什么名字?

S: 我叫○○○。

〈출석확인하며 물어보기〉

T: 今天谁没来?

S: ○○没来。

T: 你为什么迟到了? (지각한 아동에게)

S: 对不起。

T: 没关系, 下次别迟到。

〈감사〉

- 谢谢
- 不客气

넷째, 수업시작과 관련된 것으로 이는 본 수업을 예고하면서 다음 수업의 불안감을 감소시키는 역할을 한다. 이 활동은 수업시작뿐만 아니라 노래, 챈트, 게임 등의 시작단계에서도 사용될 수 있다.

> T: 大家准备好了吗? (손뼉을 치고 양손을 벌린다)
> S: 准备好了。(손뼉을 치고 오른손은 주먹쥐고 위로 올렸다 힘껏 끌어당긴다)

위와 같이 교사는 일상대화를 통해서 자주 중국어를 사용하여 언어입력을 해주어야 한다.

2 — 복습단계

복습(review)단계에서는 앞 시간에 배운 내용을 다시 상기해보고, 자기 것으로 만드는 단계이다. 곧 복습단계는 앞에서 배운 내용을 반복, 기억해 보고 정착시키는 단계이다. 한국의 중국어 학습상황은 CSL(Chinese as second language)이 아닌 CFL(Chinese as foreign language)상황으로, 한국에서 중국어를 외국어로서 교육받는 상황이다. 이런 상황에서는 아동이 수업시간 이외에 중국어를 접할 수 있는 기회가 극히 제한되어 있어, 다른 활동보다도 복습단계를 강조할 필요성이 있다. 이 단계에서 이용될 수 있는 활동은 다음과 같다.

- 앞 시간 내용을 노래(歌儿)와 챈트(节奏游戏)로 복습하기
- 앞 시간의 내용을 상황역할극으로 재연하기
- 앞 시간 내용을 각 활동을 통해 복습하기

또한, 이 단계에서는 지난 시간에 활용했던 자료나 방법 중에 적절한 것을 취사선택하여 활용할 수 있다. 예를 들어 앞 시간에 숫자(数字)를 배웠다면 "열꼬마 인디언(十个印地安)" 노래를 부르면서 율동을 하고 다음 시간에는 그 노래를 부르면서, 응용의 활동으로 교사가 한 아동에게 공을 던지며 '一'라고 하면 그

아동은 공을 받으면서 '二'이라고 말하고 계속 공을 던져 10까지 수개념을 복습한다든지, 비디오자료, 녹음자료, 플래시 카드(flash card) 등을 활용하여 볼 수 있다.

복습단계에서 교사들이 수업에서 가장 많이 활용할 수 있는 자료는 역시 플래시 카드이다. 플래시 카드를 활용한 활동을 살펴보자.

〈비밀그림〉

① **방법** : 일종의 추측게임의 하나로 부분을 보여주며, 전체를 추측하게 하는 활동이다. 이 때에는 중요하지 않은 부분부터 보여준다. 이 활동은 아동에게 호기심을 유발할 수 있다.
② **제작방법** : 마름모의 형을 여러 부분으로 나누어서 그 안에 그림을 넣고 한 부분을 펼치며 추측케 한다.
③ **활용방법** : 안에 그림을 주제에 맞춰 준비하면 하나를 가지고도 여러 번 사용할 수 있다.

>   T: (그림을 펼치며) 看一看, 这是什么?
>   S: 苹果。
>   T: 很好。

③ 전개단계

전개단계는 아동에게 학습내용의 흥미와 호기심을 이끌고 학습동기를 유발하도록 한다. 특히, 앞으로 배울 새로운 목표의 언어내용을 제시하는 단계이다. 이 단계에서는 녹음자료를 활용해 학습내용을 제시할 경우 처음에는 소리를 들려주면서 청취하도록 하여 내용을 유추시키고 아동의 학습 호기심을 유발시킬 수 있다. 이 밖에도 손인형 등을 이용해 교사가 학습내용이 되는 대화를 시연해 볼 수도 있다.

④ 연습단계

연습단계에서는 그 시간에 주요 학습내용을 습득시키기 위해 전개단계에서 제시된 학습내용을 다양한 방법을 활용하여 연습시키고, 내면화시키는 단계이다. 즉, 목표언어를 반복적으로 사용하도록 유도하는 것이다. 특히, 연습과 발화단계에서는 교사의 시범단계, 집단활동이나 짝활동, 개별활동 단계를 거쳐야 한다.

(1) 오디오의 활용

먼저 교과서의 해당 그림을 실물화상기로 제시한 뒤 구간 반복기를 통해 내용을 들려준다. 어휘지도시 플래시 카드를 먼저 보여주는 것도 한 방법이 된다. 더 나아가 실물화상기를 통해 플래시 카드와 상황그림을 보여주어도 좋은 학습이 될 것이다.

(2) 그림카드를 통한 활동

아동들이 자신만의 그림카드를 만드는 활동은 그 자체로서 듣기연습이 되면서 제시된 단어를 내면화시킬 수 있는 활동도 될 뿐 아니라 그림카드를 이용하여 여러 가지 게임 등을 유도할 수 있다. 두꺼운 도화지를 8×8cm 정도로 자른 후 고리에 걸어 항상 가지고 다니도록 하면 언제든지 활동할 수 있다.

이번 학습내용이 과일이라면 "画苹果"과 "用红色涂苹果"라는 지시어를 통해 사과 그림카드를 만들어 보게 한다. 이와 같은 방식으로 여러 장의 그림카드가 완성되면 차례로 늘어놓은 후 교사가 하는 말을 듣고 해당하는 카드를 먼저 드는 게임을 하거나, 빙고게임(bingo game)을 하여 학습내용을 연습하게 한다. 2~4명의 카드를 모아 뒤집어 놓은 후 순서를 정해 한 아동이 한꺼번에 두 개의 카드를 뒤집어 같은 카드일 경우 가져가고, 다른 카드일 경우 제자리에 놓아두는 짝짓기 게임에 카드를 이용할 수 있다.

(3) 짝활동을 통한 연습

전개단계에서 제시한 대화를 짝끼리 또는 집단활동으로 연습한 뒤 자신감을 얻은 후 자연스러운 발화를 이끌어 낸다. 이러한 경우에는 교사와 아동 또는 아동 상호간에 시범을 보여 짝활동을 시작하도록 하고, 활동이 끝난 후에도 다시 한번 아동 앞에서 두 아동 간의 짝활동을 보여주는 단계를 통해 마무리하도록 한다. 구체적인 연습활동을 알아보자.

① OHP 이용하여 상황제시를 통해 반복 연습하기

- 교사는 몇 종류의 과일 OHP film을 여러 장으로 중첩되도록 준비
- 화면 보여 주며 질문하기 "这是什么?"
- 겹쳐져 있는 필름을 한 장씩 벗길 때마다 무엇인지 물어본다.(이미지가 점점 분명해진다)
- 아동들 대답 "葡萄!"

② 기타 게임

4박자 게임, 무언극 게임, 속삭이기 게임(游戏)과 노래(歌儿), 챈트(节奏游戏)를 이용하여 학습내용을 연습할 수 있다. 이러한 방법을 사용할 경우 아동은 내용에 부담감을 갖지 않고, 재미있게 활동하면서 자연스럽게 학습내용을 자기 것으로 소화할 수 있다.

〈무언극 게임하기〉

- ㉠ 주제: 동물 친구들
- ㉡ 방법: 조를 나누어 나오게 한 후 조장에게 그림카드를 보여주면, 조장은 그림카드의 내용을 말없이 몸으로 표현하여 조원들이 빨리 맞추어 득점하는 게임이다.

〈녹음 테이프를 활용한 듣고 배우기〉

- ㉠ 반주없이 교사와 함께 부르기
- ㉡ 교사가 지명하는 아동은 일어나서 자기가 원하는 과일을 노래 끝부분

에 "我喜欢○○○"로 바꿔 부른다.

#23

你喜欢什么水果

香焦　橘子　葡萄　和　草莓

香焦　橘子　葡萄　和　草莓

香焦　橘子　葡萄　和　草莓

你喜欢什么水果

※ 노래 끝부분은 "我喜欢○○○"로 개시하여 부른다.

③ 인형을 활용하기

〈봉투인형〉

편지봉투를 반으로 잘라서 머리, 오른팔, 왼팔 부분이 될 세 구멍을 자른다. 봉투인형을 만들 때는 아동의 손가락 길이와 봉투의 길이를 맞춰야 한다. 특히, 양옆에 또한 소매를 많이 파야 찢어지지 않는다.

〈종이컵을 이용한 인형〉

종이컵의 반을 반쯤 잘라서 입으로 하고 머리에는 털실, 눈 등을 붙여서 인형을 만든다.

　　㉠ 준비물: 종이접시, 털실, 눈, 가위, 본드나 풀

　　㉡ 제작방법 및 활용: 종이컵을 반쯤 잘라 입을 만들고 머리에는 털실, 눈 등을 붙여서 인형을 만든다.

〈장갑인형〉

장갑을 이용하여 장갑에 눈을 붙여 움직임을 나타내는 언어내용을 표현할 수도 있다. 손가락에 다양한 움직임을 나타낼 수 있다.

⑤ 발화단계

이 단계에서는 연습을 바탕으로 의사소통이 활발하게 이루어지도록 상황을 조성하여 아동의 발화를 촉진하는 단계이다. 즉, 이 단계는 지금까지 목표언어의 내용을 스스로 말해 보게 하여 내면화시키는 중국어학습의 최종단계이기도 하다. 전통적인 교수법에서는 종종 이 단계가 생략되어 진정한 의사소통 능력을 갖지 못하는 경우가 많다. 이 단계에서는 짝활동을 하면서 최종적으로 개별활동으로 마무리하도록 한다.

〈내가 좋아하는 과일〉

　　㉠ 언어내용 ("과일"이라는 전제에서)
　　　　　T: 你喜欢什么水果?
　　　　　S: 我喜欢西瓜。很好吃。
　　㉡ 방법: 아동은 각자 이번 시간에 배운 과일 중 하나를 마음속으로 생각하고 과일노래를 부르며 앞으로 나와 자신이 좋아하는 과일에 스티커를 붙인다. 아동이 좋아하는 과일을 살펴보고 재미있게 이야기를 나누며, 과일선호도를 알아보는 시간을 갖는다.

6 ── 마무리 및 평가단계

마무리단계는 정리하는 단계로 본 시간의 학습내용을 정리하고 아동의 학습목표 도달 정도를 간단한 질문과 대답, 활동지, 등으로 관찰 확인하여 성취도를 점검한다. 또한 다음 시간 예고 및 과제제시 등의 활동을 전개한다. 더 나아가 가정과 연계될 수 있는 활동을 알려주어 적절한 과제부여가 될 수 있도록 하며 마지막으로 "再见(헤어지는 인사)"노래를 부르며 수업을 마무리한다.

(1) 책 만들기

① 주제: 책을 만들어 봄으로써 읽기, 쓰기의 기초를 쌓을 수 있으며, 고학년으로 연계해서 중국어를 심화하여 익힐 수 있는 장점을 가진다. 또한 자신만의 개성 있는 책을 만들면 성취감뿐만 아니라, 언어내용을 바꾸게 되면, 다른 내용도 익힐 수 있다.

② 준비물: 가위, 도화지

③ 제작방법 및 활용: 가운데를 접은 다음, 반을 자른 후 펴서 십자 모양이
되게 접고 정리하면 책이 된다.

(2) pop up

펼쳤을 때 앞으로 튀어나오는 입체자료이다. 입체적인 모습 때문에 재미있게
활용할 수 있다. 아래 그림은 팝업 제작과정과 응용사례이다.

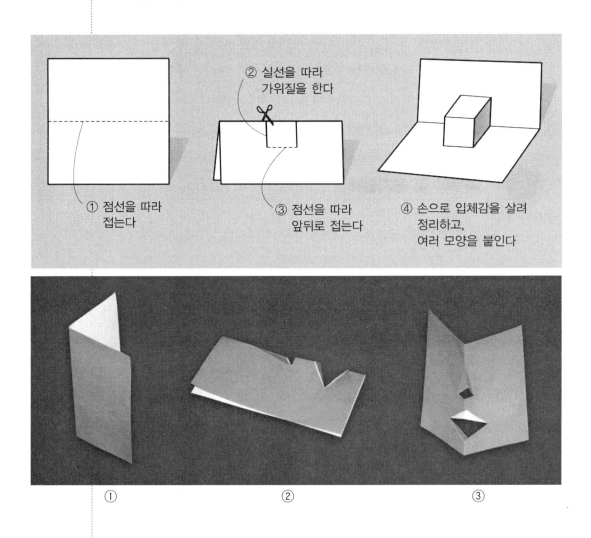

① 점선을 따라 접는다

② 실선을 따라 가위질을 한다

③ 점선을 따라 앞뒤로 접는다

④ 손으로 입체감을 살려 정리하고, 여러 모양을 붙인다

① ② ③

02   노 래 (歌儿)

1 — 노래활용

아동에게 새로운 언어인 중국어를 가르칠 때는 중국어의 호기심과 흥미를 키워주는 것이 중요하다. 아동들은 리듬을 좋아하고 노래를 듣고 따라 부르는 특성이 있기 때문에, 저절로 흥얼거리며 노래를 하면서 자연스럽게 노래가사인 중국어를 모방하고 기억할 수 있다. 또한 노래의 감정이나 내용에 따라 다양한 신체동작과 연결하면 학습이 재미있게 이루어질 수 있으므로 노래는 중국어학습에서 많이 활용될 뿐만 아니라, 교육적 효과 역시 높은 수업방법 중의 하나이다.

노래를 활용할 때는 재미와 흥미만을 고려하는 것이 아니라, 가르치고자 하는 의사소통 기능이 잘 표현되었는지, 중국어의 강세, 내용 등이 제대로 구현되었는지, 가사의 음절에 따라 중국어의 리듬이 잘 배열되었는지를 고려해야 한다. 또한 노래의 반복적 학습으로 아동이 지루함을 느끼지 않게 하기 위해 여러 가지 창의적인 반복을 할 수 있는 활용방안을 고안해 내는 것도 중요하다.

2 — 어린이 중국어의 노래환경

① 교실에서 학습하는 시간만이 중국어를 익힐 수 있는 유일한 시간이기 때문에 그 시간에 언어학습과 연결하여 효과적으로 중국어를 학습할 수 있도록 많은 노력을 기울여야 한다.
② 아동에게 익숙한 멜로디에 중국어로 쉽고 간단한 언어내용을 넣으면 중국어 노래를 부르는 데 부담감이 적을 것이다.
③ 노래수업은 부르는 재미와 함께 의사소통 능력을 기를 수 있다. 중국어권의

노래는 감성적인 측면이 많이 고려되어 있고, 노랫말자체가 어렵기 때문에 중국어권의 노래를 그대로 가져다 사용하면 구체적인 학습효과를 거둘 수 없다. 따라서 간단하고 쉬운 중국어 가사로 개사하는 작업이 필요하다.

예 〈小星星〉

一闪一闪 亮晶晶 满天都是小星星
挂在天空放光明，好象许多小眼睛
一闪一闪亮晶晶，满天都是小星星

위의 "작은 별" 노래는 현재 어린이 중국어 교재에서 흔히 볼 수 있는 것으로 중국어가 모국어권인 아동들이 부르는 노래 그대로이다. 이것은 중국어 어휘를 익힐 수는 있지만 노랫말 자체가 실생활에서 자주 활용되는 문형들이라고 보기 어렵다. 다음은 숫자와 연결시켜 "작은 별" 노래를 개사한 것이다. 개사를 함으로써 아동들은 노래를 부르며, 숫자학습과 더불어 "엄마, 아빠" 단어를 익힐 수 있다.

#3

예 〈小星星〉

1 2 3 4 5 6 7 8 9 10 小星星
1 2 3 4 5 6 7 8 9 10 小星星

爸爸星星 妈妈星星 天上有很多星星

④ 새로운 노래는 수업시간 외에 자유선택활동 시간이나 간식시간 등에 배경 음악으로 들려주어 아동이 노래에 익숙해지고, 자연스럽게 따라 부를 수 있는 환경을 만들어주는 것도 좋은 방법이다.

3 ── 노래 만들기

중국어는 음절언어이고 성모, 운모, 성조로 이루어진 음운체계를 이룬다. 따라서 중국어 노래를 만들 때에는 성모 뒤에 위치하는 운모체계를 잘 이해하여 노래의 음표들이 가사의 음절에 맞도록 배열해야 한다. 중국어 음운체계 중

운모를 살펴보자.

중국어에는 모두 39개의 운모가 있다.

① 단운모(모음 하나로 이루어진 운모): a, o, e, i, u, ü

② 복운모(모음 2~3개로 이루어진 운모): ai,ei,ao,ou / ia,ie,ua,ue,üe /
   iao,iou,uai,uei

③ 비운모: -n, -ng로 끝나는 운모

(1) 운모의 배열

-n, -ng(비운모)로 끝나는 음절은 음표가 짧게 끝날 때 오도록 하고, 복운모는
음을 길게 끌 때 배열한다.

 〈起来〉

起来　起来　快起来　洗洗脸　刷~牙

起来　起来　快起来　别~迟到幼儿园

여기에서 shuaya(刷牙)에 있는 세 음표에서 앞의 shua를 길게 끌 수 있고,
또한 bie(别)에서 bie를 두 음표에 맞게 길게 음을 끌 수 있다.

(2) 음절의 배열

음이 길 경우에는 일음절 단어보다는 이음절 단어를 선택하여 부른다.

 〈眼睛在哪里〉

眼睛在哪里 这里　耳朵在哪里 这里

鼻子在哪里 这里　手~在哪里　这里

마지막 "手"부분을 "嘴巴"로 바꾸는 것이 음표수와 잘 맞는다.

(3) 어기조사나 휴지두기

만약 어려운 발음이 연달아 와서 발음하기가 힘들 경우나, 음표수와 중국어 음절이 잘 맞지 않는 경우는 어기조사나 휴지를 두어 발화가 쉽도록 조절한다.

#18

　　예　　　　　　〈我们来了〉

　　　○○ 来了 ○○ 来了 ○○ 来了 ○○ 来了

　　　○○ 来了 ○○ 来了 ○○ 来了 ○○ 来了

　　　我们来了　我们到了　老师好啊　朋友好啊

마지막 소절 "老师好啊 朋友好啊"에서는 음표수와 음절수가 맞지 않기 때문에 어기조사 "啊"를 넣어 음절을 맞추었다.

　　　※ "谁穿了裤子" 노래에 맞추어 부른다.

만들어 봅시다

▶다음 곡들을 사용하여 중국어 노래를 만들어 봅시다.

Are you sleeping

비행기

엄지야검지야

돌다리

4 — 노래지도

(1) 노래 부르기

노래는 먼저 듣기부터 하고 부르기 순서로 진행하며, 노래할 때 내용에 해당되는 그림이나 다양한 신체활동을 통해 아동의 이해를 돕는다. 또한 멜로디를 먼저 '아아아'처럼 한 단어로만 불러 리듬감을 익히게 할 수도 있다.

① 노래의 내용을 재미있게 구성하여 이야기처럼 들려준다. 이 때 주요 단어의 발음과 성조를 익히며, 그 뜻이 무엇인지 설명하고, 단어의 특징을 동작으로 표현해본다.

② 교사는 노래가사가 어떤 내용인지, 아동들이 노래를 기계적으로 따라하고

있지 않은지 그때그때 질문한다.

노래가 끝난 후 그림을 보면서 또는 율동을 통해 확인해 볼 수 있다.

③ 노래를 한 후 챈트로 바꾸어 불러본다. 중국어에는 성조가 있어 리듬감을 자연스럽게 느낄 수 있으므로 노래내용에 음의 강약만 넣어 챈트로 바꾸어 정확한 발음을 익히도록 한다.

④ 노래를 한 후 아동이 자신감을 갖도록 칭찬을 아끼지 않는다.

- 好!不错!(잘한다)
- 哇!你唱得好象OOO一样(와, OOO처럼 노래를 부르는구나)
- 你的声音很漂亮(목소리가 아주 예쁜걸)
- 我喜欢你的歌(나는 네 노래가 좋단다)

처음에는 일반적인 칭찬(好!)을 해주다가 점차 아동에게 구체적인 칭찬을 해주어 자연스럽게 칭찬용어에 익숙해지도록 한다. 이런 언어적 요소 외에 눈을 크게 떠서 놀라는 표정을 짓는다든지, 엄지손가락을 치켜든다든지, 고개를 크게 끄덕이는 등 긍정적인 반응을 보여주며, 되도록이면 중국어와 함께 말해준다.

⑤ 노래에 익숙해지면 아동의 흥미를 지속시키기 위해 박자를 빠르게 하는 등 여러 가지 창의적 반복을 첨가한다.

(2) 반복 지도방법

아동들은 같은 노래를 반복적으로 부르다보면 지루함을 느낄 수 있다. 따라서 아동이 지속적으로 흥미를 갖고 적극적으로 연습할 수 있도록 노래를 여러 형태로 변화시키는 창의적 반복이 요구된다.

① 신체부분

　㉠ 신체 각 부분 두드리기

　㉡ 특정단어나 특정부분에서 손동작이나 신체로 표현하기

　㉢ 특정단어가 나올 때 짝과 똑같은 행동하기

ㄹ 특정단어가 나올 때 입 모양으로만 노래 부르기

ㅁ 특정단어가 나올 때 앉았다 튀어오르기

ㅂ 박자에 맞추어 발 구르기

ㅅ 한 그룹이 노래하면 다른 그룹은 동작으로 노래내용 표현하기

② **목소리**

ㄱ 목소리를 다양하게 바꾸어 부르기

- 像老虎 / 像老鼠
- 像奶奶 / 像爷爷 / 像婴儿 / 像爸爸 / 像妈妈
- 오페라 가수처럼(소프라노/바리톤)

ㄴ 특정부분에서 노래를 하지 않고 허밍하기

ㄷ 특정부분에서 소리크기 조절하기(크게, 작게, 점점 크게, 점점 작게)

ㄹ 박자를 변형시켜가며 부르기(빠르게, 느리게)

③ **활동별**

ㄱ 짝이나 그룹을 나누어 부르기

ㄴ 돌림노래로 부르기

④ **영역 넓히기**

ㄱ 노래를 멜로디 없이 챈트로 바꾸어 부르기

ㄴ 노래가사에서 같은 범주에 해당하는 단어를 말해보기

🎲 **생각해 봅시다**

▶ 노래 '两只老虎'를 어떤 창의적인 방법으로 부를 수 있는지 생각해 봅시다.

> ♪〈两只老虎〉
> 两只老虎　两只老虎　跑得快　跑得快
> 一只没有耳朵　一只没有尾巴　真奇怪　真奇怪
>
> ※ 영어동요 "Are you sleeping?"에 맞추어 부를 수 있다.

5 — **중국어 노래의 예**

(1) 起来

#6

起来 起来 快起来 洗洗脸 刷~牙
起来 起来 快起来 别~迟到幼儿园
※ "快走吧" 음악에 맞추어 부른다.

(2) 快走吧

#5

走吧 走吧 快走吧 回家吧 回家吧
走吧 走吧 快走吧 妈妈等我回来呢

(3) 你要什么

♪ 你要什么 你要什么 香焦啊 香焦啊 甜不甜 甜不甜 非常甜 非常甜

※ 이 노래는 교사와 아동 또는 팀을 나눠 묻고 대답하는 형식으로 불러도 된다.
※ 영어동요 'Are you sleeping?'에 맞추어 부를 수 있다.

(4) 爱啊

#7

老~师 爱你们 你~们 ×××
老~师 爱你们 你~们 ×××
爱你们 爱你们 爱你们 爱你们
老~师 爱你们 你~们 ×××
我们也 爱老师 老~师 ×××
我们也 爱老师 老~师 ×××
爱老师 老~师 爱老师 老~师
我们也 爱老师 老~师 ×××

※ "老师" 대신 가족들을 넣어도 된다.
※ 노래율동
 • 老~师 爱你们 你~们 xxx
  (오른손을 왼쪽 가슴쪽으로 접고, 왼손은 오른쪽 가슴쪽으로 접은 후, 박수를 세 번 친다)
 • 爱你们 爱你们 爱你们 爱你们
  (얼굴 위쪽에서 점점 내려오면서 하트를 두 번씩 그린다)
 • 我们也 爱老师 老~师 xxx
  (첫 번째 소절과 마찬가지로 동작한다)

(5) 조용할 때는 쉿!

♪ 高兴时怎么样　　　(양손으로 무릎 두 번치고 박수 두 번 치고)
　 难过时怎么样　　　(양손으로 허벅지 두 번치고 박수 두 번 치고)
　 生气生气怎么样　　(양손으로 허리 두 번 치고 박수 두 번 치고)
　 安静时怎么样 쉿!　(양손으로 어깨 두 번 치고 박수 두 번 치고 검지손
　　　　　　　　　　　가락을 입으로 갖다 대면서 "쉿"!)

※ 이 노래는 아동을 주의집중시킬 때 활용될 수 있다.
※ 마지막 소절에서 어깨의 위치와 입의 위치를 수평으로 움직여 손가락을 입쪽으로 갖다대며 "쉿"이라고 하는 것이 중요하다.
※ 우리동요 "산토끼"에 맞춰 부른다.

03 손유희와 챈트 (手指游戏和节奏游戏)

1 ── 손유희와 챈트의 활용

손유희는 언어내용에 동작, 음악적 요소가 일치되어 이루어진 활동이다. 이것은 아동이 수업분위기가 산만해지거나 지루함을 느낄 때 집중, 흥미유발, 전이활동의 방법으로 쓰인다. 또한 다양한 신체의 움직임을 통해 소근육의 발달을 도모하고, 언어를 모방하며 따라 하는 과정에서 아동의 두뇌발달을 촉진시켜 학습능력, 주의력과 기억력을 길러주는 데 도움을 준다.

언어에 일정한 박자와 리듬을 넣어가면서 읽어보거나 따라부르는 챈트 역시 자연스럽게 학습할 어휘나 문장의 구조를 익힐 수 있다. 챈트를 하면서 손동작이나 간단한 율동을 함께 진행하면 언어내용을 이해하는 데 도움을 줄 수 있을 뿐만 아니라, 이런 신체활동은 지각하는 능력, 논리적 사고능력의 기초를 제공해준다.

듣기나 말하기의 한 가지 반복활동에 쉽게 지루해하는 아동들에게 손유희와 챈트를 함께 활용하면 외국어학습에서 필수적인 반복학습이 자발적으로 일어날 수 있다. 특히 중국어는 성조가 있는 언어이어서 자연스럽게 리듬을 느낄 수 있으므로, 아동의 실생활에서 의사소통을 가능하게 할 수 있는 언어내용을 적절히 활용한다면 많은 학습 효과를 거둘 수 있다.

2 ── 손유희와 챈트의 내용

아동의 주변과 밀접한 관계를 갖는 것으로 아동의 연령, 흥미, 이해 정도 및 가정·유치원·학교의 생활주제를 고려하여 언어에 리듬을 넣고 얼굴표정, 손짓, 발짓, 신체표현을 통하여 쉽게 익혀 나갈 수 있는 내용이 담겨져야 한다.

① 인사나 신체부위의 명칭을 익힐 수 있는 것

② 숫자개념을 익힐 수 있는 것

③ 모든 사물의 명칭이나 사람의 호칭, 특히 자신의 이름을 넣어서 부를 수 있는 것

④ 물체 간의 대소개념, 모양과 형태 등 사물의 특징을 학습할 수 있는 것

⑤ 계절적 감각이나 자연현상에 관한 것

⑥ 자신에게 친근한 동식물의 특징 및 특성을 표현해 볼 수 있는 것

⑦ 의성어나 의태어의 사용으로 사물의 느낌이나 이해력을 높일 수 있는 것

⑧ 가정 및 유치원 활동등의 일상생활에 관한 것

3 ― 지도방법

교사는 손동작을 강요하여 심리적 부담을 주지 말고, 아동이 동작을 모방하고 탐색, 창조할 시간을 적절하게 조절하여 즐거운 분위기 속에서 아동의 감정이 표출될 수 있도록 지도해야 한다. 또한 아동의 연령, 발달수준을 고려하여 융통성 있게 사용하는 것이 중요하다.

① 교사는 손동작과 챈트를 같이 보여주고 아동이 모방하도록 한다. 하지만 언어내용에 따라 교사가 처음부터 동작을 제시하지 않고, 아동과 함께 동작을 만들어 볼 수도 있다.

② 강조하고자 하는 부분에 목소리 음색과 강약, 표정을 달리한다.

③ 어느 정도 익숙해지면 교사가 챈트를 하고 아동이 손동작을 하거나, 교사가 챈트의 리듬을 가사 없이 콧노래로 불러주고, 아동이 챈트와 손동작 모두를 해보도록 한다.

④ 교사는 다양한 리듬악기를 사용하여 챈트의 강약을 맞추고 아동들이 챈트를 하면서 손동작을 해본다. 그리고 나서 악기에 관심이 있는 아동에게 이 역할을 준다.

⑤ 교사는 손동작과 챈트의 내용을 재미있게 전개해 나갈 수 있게 완벽하게 준비하여 자신감 있게 진행해야 한다.

4 — 손유희와 챈트 수업의 예

(1) 拳头上面拳头

拳头上面拳头做锤～子　　　(주먹 위에 주먹은 망치가 되고요)

拳头上面剪刀做兔～子　　　(주먹 위에 가위는 토끼가 되지요)

拳头下面剪～刀 做蜗 ～ 牛　(주먹 아래 가위는 달팽이가 되고요)

剪刀上面拳头做冰琪淋　　　(가위 위에 주먹은 아이스크림이 되지요)

　※ 우리동요 "구슬비"의 리듬에 맞춰 부를 수 있다.

　※ 내용에 맞춰 그대로 손동작을 해본다.

① 왼손과 오른손을 차례대로 주먹을 쥔 후 "망치"처럼 두드린다.

② 왼손주먹을 아래로 놓고, 오른손 검지, 중지를 편 후 "토끼 귀" 처럼 만든다.

③ 왼손 주먹 아래 오른손 검지 중지 를 평평히 댄 후 "달팽이" 가 기어가는 모습을 한다.

④ 오른손 검지 중지를 위로 쫙 뻗은 후 그 위에 왼손주먹을 대어 "아이스크림"을 만든다.

(2) 五个手指起床了

五个好娃娃，乖乖睡着啦 (예쁜 아기 다섯, 콜콜 자고 있어요)

公鸡喔喔啼，叫醒我娃娃 (아빠 닭이 "꼬끼오" 울어 아기들을 깨웠지요)

拇指姐姐起床了 (엄지 언니가 일어났어요)

食指哥哥起床了 (검지 오빠가 일어났어요)

中指哥哥起床了 (중지 오빠가 일어났네요)

四指弟弟起床了 (약지 남동생이 일어났고요)

五指妹妹起床了 (막내 여동생이 일어났어요)

※ 엄지부터 순서대로 손가락을 세운다.

(3) 手指在哪儿

dang dang dang 拇指在吗

我在这儿 我在这儿

dang dang dang 食指在吗

我在这儿 我在这儿

dang dang dang 中指在吗

我在这儿 我在这儿

dang dang dang 四指在吗

我在这儿 我在这儿

dang dang dang 五指在吗

我在这儿 我在这儿

※ 교사는 왼손은 세우고 오른손으로 노크하는 동작을 한 후, 양손을 허리에 대고
  물어본다. 아동은 차례로 손가락을 앞으로 내밀면서 대답한다.

※ "똑똑 누구십니까"의 리듬을 사용한다.

※ 교사는 목소리 음색을 달리해서 물어본다.

※ "拇指"에서는 목소리를 크고 굵게 내고, 점점 목소리가 작아지면서 "五指"에서는
  아주 작게 한다.

※ 손가락 이름 대신 아동이름을 넣어서 활동해본다.

　T : dang dang dang ooo在吗?

　S : (일어나면서) "我在这儿"라고 대답한 후 앉는다.

(4) 一碰一 一碰一 出什么声音

一碰一 一碰一 出什么声音

二碰二 二碰二 出什么声音

三碰三 三碰三 出什么声音

四碰四 四碰四 出什么声音

五碰五 五碰五 出什么声音

拳碰拳 拳碰拳 出什么声音　(아아아)

指甲碰 指甲碰 出什么声音 (뽀뽀뽀)

手背碰 手背碰 出什么声音 (탁탁탁)

剪刀碰 剪刀碰 出什么声音 (싹뚝싹뚝 싹뚝싹뚝싹뚝)

打枪啊 打枪啊 出什么声音 (빵빵빵)

※ 챈트 손동작(순서대로)

· 양손의 검지를 펴고 옆으로 흔들다가 서로를 부딪친다.

- 양손의 검지와 중지를 펴고 옆으로 흔들다가 서로를 부딪친다.
- 양손의 검지, 중지, 약지를 펴고 옆으로 흔들다가 서로를 부딪친다.
- 양손의 검지, 중지, 약지, 새끼손가락을 펴고 옆으로 흔들다가 서로를 부딪친다. 이 때 소리가 크게 나는 것을 강조한다.
- 양손의 다섯 손가락을 모두 펴고 옆으로 흔들다가 아주 크게 박수를 친다.
- 양손을 주먹 쥐고 옆으로 흔들다가 마지막에 부딪치면서 아프다는 소리 "아아 아"를 크게 낸다.
- 양손의 손끝을 옆으로 흔들다가 부딪치며 "뽀뽀" 소리를 낸다.
- 양손의 손등을 옆으로 흔들다가 부딪치며 입으로 "탁탁탁" 소리를 낸다.
- 양손의 검지와 중지를 들고 옆으로 흔들다가 가위처럼 자르는 시늉을 하고 "싹뚝"소리를 낸다.
- 양손을 총처럼 만들고 옆으로 흔들다가 총을 쏘는 모습을 하며 "빵빵빵" 소리를 낸다.
※ 동요 "열 꼬마 인디언"의 앞 세 소절 멜로디를 연속적으로 반복하여 부를 수 있다.

(5) 雪人

#9

五个雪人　用雪做的	(눈사람 다섯 명은 눈으로 만들었네)
五个雪人　站在草坪	(눈사람 다섯 명이 초원 위에 서 있네)
一整天　照太阳	(하루 종일 햇빛이 비추어)
一个雪人　化掉了	(눈사람 한 명은 녹아 버렸네)

※ 챈트 손동작(순서대로)
- 손가락 다섯 개를 펴고 나서, 두 손으로 크게 눈사람을 만든다.
- 손가락 다섯 개를 펴고 나서, 한 손은 위로, 한손은 옆으로 하면서 양쪽으로 편다.
- 밑에서부터 두 손으로 해를 만들어 올리고 다시 위에서 그대로 흔들며 내린다.
- 한 손가락을 펴고 녹는 모습을 창의적으로 표현한다.
※ 다섯 사람의 눈사람에서 점점 한사람씩 줄여나간다. 또한 녹아 버린 장소를 재미 있고 다양하게 변화를 준다(마지막에 장소를 손가락으로 가리키며 "在桌子上, 在椅子上" 등으로 말한다.)

(6) 一个手指 你能做什么

一个手指 你能做什么 ? 山 山 쑥쑥쑥

两个手指 你能做什么 ? 剪刀 剪刀 싹뚝싹뚝싹뚝

三个手指 你能做什么 ? 蝙蝠侠 배트맨

四个手指 你能做什么 ? 章鱼 우글우글우글

五个手指 你能做什么 ? 两手放在膝盖上 착

※ 손가락 "手指"의 양사는 "根"이지만 아동이 쉽게 접근할 수 있도록 "个"를 사용한다.
※ 챈트 손동작(순서대로)
　· 양손에 각각 검지손가락 한 개를 들고 양옆으로 왔다갔다 흔들며, 함께 비스듬히 세워 산을 만든다.
　· 검지와 중지손가락을 들고 양옆으로 흔들며 가위를 가지고 마구 자르는 모습을 한다.
　· 손가락 세 개를 양쪽으로 흔들다가 엄지와 검지는 마주하여 안경처럼 만들고 이를 그대로 뒤집으며 눈에 맞춘다. 이와 함께 "蝙蝠侠"를 외친다.
　· 손가락 네 개를 흔들다 위에서 한 손씩 내려오면서 꼬물거리며 다리가 많음을 적절히 표현한다.
　· 손가락 다섯 개를 다 흔들며, 두 손을 잘 포갠 후 무릎 위에 올린다.

(7) 找朋友

找呀找呀找朋友　　　(찾아요 찾아요 친구를 찾아요)

找到一个好朋友　　　(좋은 친구 한명을 찾았어요)

敬个礼呀握握手　　　(인사하고 악수해봐요)

我们都是好朋友　　　(우리는 모두 좋은 친구들이죠)

※친구들과 인사하며 악수하는 도입챈트이다.

(8) 打电话

#11

抓小偷 抓小偷　112 112　　　(도둑 잡아요 112)

救命啊 救命啊　119 119　　　(사람 살려요 119)

迷了路 迷了路　1541 1541　　(길을 잃었어요 1541)

没有钱 没有钱　1541 1541　　(돈이 없어요 1541)

※ 아동이 주요 전화번호를 인식할 수 있게 만든 챈트이다.

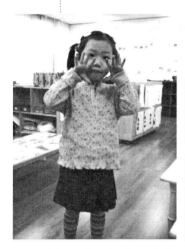

①② 양손을 입에다 대고 외치는 모습을 한 후 한 손은 허리에 한 손은 전화번호를 누르는 동작을 한다.("도둑잡아요" 모습)

③ 양손을 위로 쭉 뻗고 흔들면서 살려달라고 하는 모습

④ 오른손과 왼손을 차례로 이마에 갖다 댄 후 길을 찾는 모습

⑤ 오른손과 왼손의 엄지, 검지를 동그랗게 한 후 돌리며 돈이 없다는 난감한 표정을 짓는 모습

04 놀 이 와 게 임 (游戏)

새로운 언어로 의사소통을 해야 하는 외국어 수업시간에 아동들이 느끼는 불안감과 지루함은 놀이와 게임을 통해 없애거나 줄임으로써 외국어에 자신감과 흥미를 불러일으킬 수 있다. 또한 놀이와 게임은 아동들이 무의식적으로 언어를 습득하게 해주는 장치이므로 아동에게 새로운 역할을 탐색하고 새로운 경험을 부여하여 학습을 촉진시킨다. 하지만 놀이가 진행되면서 아동이 많은 스트레스를 받아서는 진정한 학습효과를 기대할 수 없으므로 즐거운 환경 속에서 활동이 이루어져야 한다.

경쟁은 아동의 놀이에서 근본적인 요소이다. 경쟁적인 놀이는 설정한 규칙에 따라 이길 목적으로 경쟁을 하며, 동시에 협동심을 발휘하여 주어진 과제를 해결해 가게 된다. 아동은 교사가 부여한 실제적인 과제를 해결하면서 언어처리의 잠재의식을 갖게 되므로 교사는 놀이와 게임을 충분히 활용하여 학습과정을 계획하고, 언어사용의 기회를 제공해야 한다.

1 — 놀이게임 활동의 내용

아동은 아직 어리므로 대부분의 과제가 자신 중심의 가까운 주변사항으로 제한된다. 음식이나 장난감은 아동에게 중요하기 때문에 이들 주제의 학습과정을 통해 좋아하고 싫어하는 감정표현을 익힐 수 있다. 또한 이름 주고받기, 나이 묻기 등 의사소통 기능을 향상시킬 수 있는 내용을 중점적으로 구성한다.

① 나의 모든 것(구체적으로)
　　예 我叫OOO / 我的生日 / 我的家人 / 我的未来
② 개인의 생각·감정표현하기(좋고 싫음 등)
③ 사실묘사·모습표현
④ 음식의 권유와 허가

⑤ 위치·방향 묻고 답하기

생각해 봅시다

▶ 놀이게임 활동으로 적합한 주제들을 중국어 주제문장으로 나열해봅시다.

2 ─ 놀이게임 활동의 지도

(1) 활동형태

① 전체활동, 그룹활동, 짝활동, 개별활동
② 짝활동에서 아동의 상호작용이 활발하게 이루어진다.

(2) 교사의 역할과 기술

① 즐거운 분위기에서 차분히 질서를 유지할 수 있도록 적절히 통제한다.
② 수업분위기를 통제하는 요소로는 교사의 표정, 언어사용 능력 등을 들 수 있다. 특히 외국어로 수업을 진행할 경우 교사의 자신 있는 언어구사, 크고 분명한 목소리, 부드러우면서도 위엄 있는 표정 등이 수업 분위기를 통제하는 중요한 요인이다.
③ 수업이 소란스러워졌을 때는 수업을 통제할 수 있는 손유희나 챈트를 이용한다.

> 예 갑자기 "조용할 때는 쉿!"이라는 노래를 율동과 함께 시작한다.
> "高兴时怎么样~"

④ 물건을 찾는 게임일 경우 아동이 손으로 가리키기보다는 발끝으로 가리키도록 하는 것이 소란스러움을 통제할 수 있다.
⑤ 아동의 경쟁심을 유발시키고 성과를 칭찬하기 위해 아동이 좋아하는 스티커

나 사탕을 놀이가 다 끝난 후에 나눠준다.

⑥ 놀이의 활동시간은 아동의 주의집중 시간을 고려하여 적절히 조정한다.

⑦ 놀이규칙을 설명하거나 지시할 때 중국어를 사용한다.

> 📖 **分成两组**(두 조로 나누세요)

3 ── 놀이게임의 주제와 활동분류

놀이는 역동적으로 움직이는 것과 조용하게 진행할 수 있는 것으로 나뉜다. 움직이는 놀이는 어떤 언어적 목표를 둔 교사의 지시하에 아동이 자유롭게 활동할 수 있게 하는 것이다. 반면 앉아서 해야 할 일에 집중하는 것은 아동들이 조용히 스스로 자기가 맡은 일을 하는 것으로, 아동의 인지능력과 시각변별력을 계발해 준다. 이같은 놀이들은 추후에 상위 교육과정에서 요구하는 학업을 준비하고 사회적 능력을 개발하는 데 도움을 줄 뿐만 아니라, 지적 발달 과정상 매우 중요하다. 그러므로 교사는 이 나이 또래의 아동에게 이 두 놀이를 언어학습과 연계하여 적절히 사용하며 수업을 진행해야 한다.

(1) 움직이는 놀이

① 공굴리기

② 그림 찾아 달려가기

③ 가져오기

④ 가리키기

⑤ 칠판 위에 그리기

⑥ 지시에 따라 행동하기

(2) 조용한 놀이

① 분류하기, 가려내기

② 식별하기

③ 만들기

4 ── 놀이게임 활동의 예

(1) 공굴리기

활동목표　다양한 신체활동을 즐기며, 새로운 활동을 시도한다.

교육적효과　건강생활-감각·운동과 신체조절-신체활동에 적극적으로 참여하기

준비물　작은 공(테니스공)

활동방법

① 아이들이 바닥에 둥글게 둘러앉도록 한다.

② 교사는 공을 첫 번째 아이에게 굴리면서 질문한다. "你叫什么名字？"

③ 이름을 알려주고 그 아이가 대답하도록 한다.

④ 공을 받은 아이가 또 다른 아이에게 공을 굴리도록 한다.

⑤ 교사는 공을 굴린 아이가 공을 받은 아동에게 "你叫什么名字？"라고 질문하도록 한다.

⑥ 공을 굴린 아이는 그 공을 받은 아이를 보면서 질문을 반복한 후 공을 받은 아이는 자신의 이름을 대답하도록 한다.

⑦ 이런 방식으로 계속 공을 굴리면서 묻고 대답한다.

※ 공을 굴리면서 질문과 대답을 할 줄 알게 되면, 공을 던지고 받는 것으로 변화시켜 실행해 볼 수 있다.

(2) 다른 것 찾기

활동목표　여러 가지 내용의 말을 듣고 구별한다.

교육적효과　언어생활-듣기-듣고 구별하기

준비물　같은 그림 2개와 다른 그림 1개가 그려져 있는 복사물

활동방법

① 칠판 위에 네 가지 사물을 그리되, 하나는 나머지 것들과 명백하게 다르게 그린 후 아이들에게 "不一样"이라는 표현을 알려준다.

② 아이들에게 "哪个不一样?"이라고 물어본다. 아이들이 대답을 하면 교사는 다른 한 가지 위에 동그라미를 친다.

③ 이상의 과정을 몇 번 되풀이한다.

④ 아이들에게 준비해 둔 그림 종이를 나누어주고, 다른 것 한 가지를 찾아서 동그라미를 치라고 한다.

⑤ 아이들이 제대로 동그라미를 쳤는지 확인해 보고, 동그라미 친 그림을 색칠하게 할 수도 있다.

(3) 크리스마스트리 만들기

활동목표　구체물을 통하여 여러 가지 색깔을 변별한다.

교육적효과　탐구생활－논리·수학적 사고－사물 분류하기

준　비　물　초록색 마분지를 삼각형으로 자른 것 몇 장, 색종이, 병뚜껑, 그 밖에 여러 가지 선명한 색깔의 종이조각

활동방법

① 초록색의 삼각형 모양 마분지를 하나 보여주면서 지금 무엇을 만들 것인지 아이들에게 생각해보게 한다.

② 삼각형을 반으로 접어서 세워놓으며, 크리스마스트리를 만들 것이라고 말해준다.

　　T: 这是圣诞树。

③ 크리스마스트리에 어떤 색깔이 있었으면 좋을지 물어본다.

④ 모아 놓은 여러 가지 선명한 색깔의 종이조각들을 아이들에게 보여주고 크리스마스트리에 있었으면 하는 색깔을 중국어로 말해보도록 한다.

　　T:　你喜欢什么颜色?

　　S₁:　红色。

　　T:　红色的装饰。

　　S₂:　白色。

　　T:　白色的装饰。

⑤ 아이들이 말하는 대로 트리에 장식을 붙인다. 중국어로 말하지 못할 경우

교사는 장식을 붙이지 않는다.

⑥ 마분지와 색종이를 아동에게 나눠주며 직접 트리를 만들게 한다.

⑦ 다 만든 후 만든 아이들은 트리를 보여주며 어떤 색깔로 장식했는지 중국어
로 말해본다.

T: 你的圣诞树上有什么颜色?

S: 有红色。

(4) 날씨 게임

활동목표 여러 가지 자연현상을 관찰하고, 그 변화에 관심을 가진다.

교육적 효과 탐구생활－과학적 사고－자연현상 관찰하기

준 비 물 여러 종류의 옷가지와 물건

활동방법

① 교실 한가운데에 모든 옷과 물건을 늘어놓는다.

② 교사가 "00,去拿帽子!"라고 말하면 그 아이는 적합한 옷을 가져온다.

③ 이렇게 몇 번 연습을 한 뒤 날씨에 알맞은 옷을 선택하는 게임을 할 것이라
고 말한다.

④ 교사는 한 아이에게 비가 내리는 손동작을 하며 "现在下雨"라고 말한다.

⑤ 그러면 그 아이는 비오는 날에 적합한 것들을 찾는다.

⑥ 적당한 것들을 가져오면 그것을 가지거나 입을 수 있지만, 그렇지 않을 경우
옷을 도로 가져다 놓아야 한다.

⑦ 아이들을 경쟁시키는 것이 좋겠다고 생각하면 게임의 끝무렵까지 가장 많은
옷을 입거나 물건을 가지고 있는 아이가 승자가 된다.

※ 교사의 지시를 듣고 이해할 수 있으며 옷입기, 단추, 지퍼채우기 등을 스스로 할
수 있게 된다.

(5) 두더지게임

활동목표 분류된 사물을 보고 준거를 찾아본다.

교육적 효과 탐구생활—논리·수학적 사고—사물의 순서짓기

준 비 물　흰 천, "床, 洗盆, 牙刷, 牙膏, 衣服, 饭"의 그림이 그려진 머리띠, 뿅뿅망치

활동방법

① 숙지하고자 하는 물건(床, 洗盆, 牙刷, 衣服, 饭)을 이마에 쓰게 한다. 아이들이 많으면 물건을 중복되게 붙여도 된다.

② 한 명의 아이를 남기고, 나머지 아동은 구멍을 뚫은 흰 천에 들어가게 한다.

③ 교사가 말하는 행동과 관련된 물건들을 붙인 아이들이 위로 튀어오른다. 교사가 "刷牙"라고 말하면 치약, 칫솔을 붙인 아이들이 튀어오른다.

④ 술래는 튀어오른 아이들을 뿅뿅망치로 때린다.

　※ 술래가 직접 단어를 말해도 된다.
　※ 노래 "起来"를 응용하여 가사에 해당하는 단어들을 붙인 아동들이 튀어오르게 해도 된다.

(6) 과일게임

활동목표　과일의 수를 열까지 세고, 숫자를 안다.

교육적 효과　탐구생활—논리·수학적 사고—수의 기초개념 이해하기

준 비 물　과일마다 모형(찍찍이), 바구니 8개, 탁자 2개, 과일모형 붙일 부직포판 2개

활동방법

① 네 종류의 과일모형을 각 바구니에 담아 탁자 위에 준비한다.

② 아이를 두팀으로 나눈다.

③ 교사가 "三个西瓜, 开始"라고 외치면 각 팀에서 한 명씩 뛰어나와 바구니에 있는 해당과일을 개수만큼 집어서 앞쪽 부직포판에 붙인다.

④ 먼저 붙인 팀이 승점을 갖고, 먼저붙인 부직포가 많은 팀이 승리한다. 단, 개수나 과일이 틀리면 먼저 붙여도 무효로 한다.

⑤ 게임이 끝나면 교사는 아이들에게 물어본다.

　T: 有几个苹果？

S: 有六个苹果。

(7) 맞는 색깔찾기 게임

활동목표 공간을 이동하면서 몸을 다양한 방법으로 움직인다.

교육적효과 건강생활―감각·운동과 신체조절―대근육 활동하기

준 비 물 여러 색깔의 큰 매트(서너 가지)

활동방법

① 교실바닥에 여러 종류의 색깔 매트를 준비한다.

② 교사는 "빨간색"이 어디 있냐고 말하면 아이들은 움직여서 해당하는 매트로 뛰어간다.

  T: 红色在哪儿?

  S: (해당 매트로 움직이고) 红色在这儿。

③ 매트를 잘못 선택한 아이는 탈락시키며, 남은 아이들을 가지고 게임을 진행시킨다.

④ 남은 아이에게 돌아가며 질문을 대신하게 하여 기다리는 지루함을 없앤다.

  (귓속말로 교사가 질문을 말해준다)

(8) '로봇아 모여라' 게임(숫자게임)

활동목표 사물의 수를 열까지 세고, 숫자를 안다.

교육적효과 탐구생활―논리·수학적 사고―수의 기초개념 이해하기

준 비 물 챈트(또는 노래), 호루라기

활동방법

① 아이들을 모두 세워 로봇처럼 움직이게 한다.

② 이 때 챈트를 부르며 마지막에 숫자를 말한다.

  我是机器人, 我是机器人, 我能说说三

③ 아이들은 숫자를 듣고, 그 숫자에 맞게 짝짓기를 한다.

④ 짝짓기를 하여 숫자를 맞춘 팀은 그 자리에 앉힌다.

⑤ 숫자를 틀리게 짝지은 아이들은 노래를 부르게 하고 게임을 진행시킨다.

05 동 화 (讲故事)

1 동화의 필요성

동화에는 느낌과 감동 그리고 꿈이 있다. 뿐만 아니라 인간관계를 형성하는 능력을 갖게 하는 매력이 있으며, 아동의 입장에서는 처음으로 만나는 문학이 되고, 감동과 경험의 정도에 따라 그들의 인격형성에 많은 영향을 주게 된다. 따라서 일찍부터 동화는 "아동을 위한 교육교재"로 쓰이면서, 문학적인 경험과 사고의 확산을 갖게 하는 수단이 되어 왔다.

(1) 언어발달

아동이 선호하고 잘 아는 동화는 자연스럽게 아동의 언어능력을 향상시켜 준다.
① 바르고 고운 언어를 사용하게 된다.
② 정확한 발음과 언어변별성이 길러진다.
③ 남의 이야기를 쉽고 빠르게 이해하고, 자신의 생각을 잘 표현하는 언어전달력이 발달한다.
④ 실생활에서도 멋진 언어로 표현이 가능해진다.

(2) 예술적인 안목

동화를 통하여 예술적인 심미안을 가지게 되며, 거기서 느끼는 예술적인 감정은 오랫동안 아동 자신의 예술적 가치기준으로 작용할 것이다.

(3) 상상력과 창의력의 신장

동화 속에서 얻은 상상은 창의력을 높이고, 모든 사물의 통찰력을 길러준다.

(4) 화자와 청자의 교감

동화를 통한 화자와 청자 간의 교감은 바람직한 사회성을 갖게 하는 효과적인 교육방법이 되면서 최대의 효과를 거둘 수 있다.

(5) I.Q · E.Q의 함양

자신의 감정을 조절하는 능력은 원만한 인간관계를 유지시켜 주며, 동화를 통하여 기억력, 이해력, 어휘력이 높아진다. 또한 좋은 동화는 지혜와 품성을 익혀 마음이 따뜻한 인간으로 성장하는 밑거름이 되게 한다.

2 — 동화지도법

(1) 이야기 선택시 고려사항

① 첫 두세 줄에서 아동을 이야기 속으로 흡인할 수 있는 내용.(아동이 모국어에서는 가끔 유치하다고 보는 이야기도 외국어로는 잘 받아들이고 좋아한다는 것을 반드시 기억하자)
② 교사가 좋아하는 이야기
③ 아동의 수준에 적절한 이야기
④ 아동에게 풍부한 언어의 경험을 제공할 수 있는 이야기
⑤ 아동이 잘 이해하여 이야기를 나누는 데 부족함이 없는 내용
⑥ 설명하는 문장이 길게 나오지 않는 이야기
⑦ 주어진 상황에 적합하고, 다른 활동과 관련성이 있는 이야기

(2) 이야기 전에 해야 할 일

① 아동은 이야기를 듣는 마음가짐이 준비되어 있어야 한다.

일상적인 마음가짐으로는 그리 큰 효과를 거두기 어렵다. 아동은 우리가 무언인가를 함께 나눌 것임을 감지하고 "이야기를 듣는" 마음가짐을 갖고 있어야 한다. 이 때 어린 아동일수록 교사의 발아래 바닥에 ∩자 모양으로 빙 둘러 앉는 것이 좋다. 또한 상징성을 나타내 주는 "이야기 주머니"를 준비 하거나, 동화를 시작할 때 항상 같은 음악을 틀어준다든지 또는 칠판에 '이 야기 시간'이라고 쓸 수도 있다.

② 교사의 준비

㉠ 이야기에서 중요한 비중을 차지하는 단어나 구문들을 미리 익혀둔다. 또한 리듬감과 운율 감각은 내용을 외우고 기억하는 것을 도와주므로 항상 기억해둔다.

㉡ 교사의 제스처와 표정

- 교사의 행동과 표정은 마치 동화 속에 나오는 등장인물을 떠올릴 수 있도록 다소 과장된 면이 있더라도 다양화시킬 필요가 있다. 예를 들어 "백설공주(白雪公主)"에서 새 왕비가 거울을 보고 "이 세상에 서 누가 제일 예쁘니?" 라고 말할 때, 거울을 아주 힘있게, 그러면 서도 부드럽게 쓰다듬는 것이 필요하다.

- 아동들을 참여시킨다. "백설공주"의 한 장면에서 갑자기 한 아동의 얼굴을 거울인 양 쓰다듬는 행동을 한다.

- 어떤 내용을 언급하기 전에 항상 통용되는 대표적인 몸동작을 보여 준다. 예를 들면 무슨 소리가 들릴 때 바로 손을 귀에 갖다 대는 시 늉 등을 하는 것이다.

- 이해력을 높이는 전략: 글자 한 자 한 자 기억하는 것에 애쓰기보다 는 이야기의 요점을 아는 데 집중하는 것이 바람직하다. 이야기를 두세 번 읽거나, 이야기하는 것을 녹음을 해보거나, 친구에게 다시 이야기해본다.

③ 동화하기 전의 학습활동: 아동이 이야기를 이해하도록 돕는 여러 방법

　㉠ 중요단어 고르기

　　• 아동에게 이야기 흐름상 중요한 단어와 생소한 단어를 고른다.

　㉡ 말 쉽게 만들기: 이야기가 가지고 있는 원래 의미가 훼손되지 않도록 유의하면서 말을 쉽게 만든다.

　　• 흔히 사용되지 않는 어휘

　　　王后心中生妒忌→王后气极了

　　• 숙　어

　　　干干净净的→干净的

　　• 긴 문장

　　　镜子,谁是最美丽的人?→镜子,谁最美丽?

　㉢ 새로운 단어 소개하기

　　• 그림: 물건, 특성 그리고 행동을 표현하는 많은 동사까지도 그림으로 설명이 가능하다. 그림은 교실의 뒤에서도 분명히 알아볼 수 있을 만큼 충분히 크고 명료해야 한다.

　　• 물건: 이야기와 연결된 구체물을 보여주어 아동이 직접 물건을 만져보고 사용해보게 한다.

　　• 책의 표지와 그림에서 주제 찾기: 책의 앞표지만을 보여주고 아동에게 어떤 내용일지 추측하게 하고, 책 속에 나오는 그림을 보여주어 아동들로부터 많은 말들을 이끌어낸다.

　　　이 때 이야기의 줄거리를 간추려 이야기해 줄 수도 있다.

　㉣ 활동의 예: 이야기 순서 맞추기

　　• 이야기에 나오는 각각의 그림들을 따로따로 제시한다.

　　• 아동들에게 그림들을 순서대로 맞추도록 해본다.

　　• 그림의 순서가 맞는지 알아보기 위해 이야기를 듣고 확인한다.

(3) 이야기 중 하는 활동

① 아동이 이야기를 듣고 즐기도록 한다.

② 아동이 이야기를 이해하도록 도와준다.

그림이나 물건 또는 가면과 인형을 사용하며, 무언극으로 표현하거나 음향효과도 가미한다. 모국어와 중국어를 섞어가며 때에 따라서 해석도 달아준다.

③ 아동에게 다음에 나올 이야기의 내용을 추측하도록 한다.

④ 아동 자신의 대답을 이끌어낸다.

　　예 느낌 묻기(如果你的话怎么做?, 你觉得怎么样?) ― 때에 따라서는 이야기를 잠시 멈추고 아동들에게 이야기에 나오는 바로 그 상황에 있다면 어떻게 느끼고 행동할 것인지를 묻는다. 중국어가 초보적 단계인 아동은 모국어로, 보다 높은 수준의 아동은 중국어로 짧은 문장이나 완전한 문장으로 대답할 수 있다.

⑤ 아동이 이해하고 있음을 보여주도록 격려하고 참여시킨다.

　　㉠ 무언극하기―아동들은 이야기에 나오는 행동, 등장인물, 느낌 등을 무언극으로 나타낸다.

　　㉡ 인형극하기―교사가 이야기를 전개할 때 (또는 아동 자신이 나중에 다시 이야기할 때) 아동은 작은 인형을 조작할 수 있는데, 이는 그들의 이야기 이해도를 보여주는 것이다.

　　㉢ 그림 또는 문장카드 순서대로 배열하기

　　㉣ 단어 듣고 점프하기

　　　　· 이야기를 시작하기 전 아동에게 각각의 단어카드를 준다. 이 때 각 아동에게 서로 다른 단어를 준다.

　　　　· 아동은 자신이 가지고 있는 카드의 단어를 들을 때마다 자기 자리에서 점프한 후 앉는다.(이 활동은 일종의 게임으로 볼 수 있다)

⑥ 아동이 이해를 표현하고 생각을 정리할 수 있도록 돕는다.

　　예 이야기 평가

　　예 역할극 하기―필요한 것을 상의한 후 역할을 맡는다.

(4) 이야기 이후 활동

이 단계에서는 여러 가지 할 일이 많다. 이야기를 각색하거나 사용된 언어를 다시 활용하여, 동극활동으로 표현할 수도 있다.

① 사후활동 : 동극 활동

동화내용을 동극으로 각색할 때 주의할 점은,

ㄱ 등장인물과 해설자는 서로 다른 목소리를 낸다.

ㄴ 몸을 많이 움직인다.

ㄷ 주요어휘에 강세를 준다.

② 이야기에서 인형을 사용하는 이유

이야기에서 인형(puppet)을 사용하는 이유는 CFL 상황에서 인형사용은 수줍음을 많이 타는 아동에게 효과적이다. 인형이 말을 하면 자신이 말을 하는 것이 아니라 인형이 말을 하는 것이 되기 때문에 아동의 수줍음을 감소할 수 있다. 또한 인형은 등장인물에게 생동감을 불어넣는다.

③ 소품을 활용한 이야기

언어를 습득하는 데 언어 이외의 요소가 그 언어내용을 이해하고 익히는 데 큰 도움을 제공한다. 이야기의 지도시 소품을 많이 사용하는데, 소품이란 연극이나 영화에서 사용되는 각종 도구를 말한다. 여기서는 인형, 장식, 그림 등 아동이 이야기를 이해하도록 도와주고 이야기를 생동감 있게 표현해주는 일체의 소도구가 해당된다.

④ 이야기로 동극하기

아동에게는 상상력을 유발시켜 주는 것이 무엇보다 중요하다. 학급아동 모두가 참가할 수 있는 이 동극활동은 아동의 창의력과 표현력을 길러줄 수 있다. "백설공주" 이야기로 드라마를 만들 때 아동에게 배역선정, 대사 준비 등을 어떻게 지도할 수 있는지 살펴본다. 이 때, 중요한 것은 아동 모두가 참여해야 하며 앉아 있는 아동도 반복해서 말하고, 의견을 말해야 된다.

㉠ 제1단계: 이야기 다시 말하기

㉡ 제2단계: 각 인물에게 말해야 되는 대사를 들려준다.

㉢ 제3단계: 동극하기

 만들어 봅시다

▶ 아래의 내용에 새로운 대사를 만들어 넣거나 생략하여 동작과 함께 간단한 동극을 다양한 방법으로 만들어 봅시다.

#13

예　제목: 白雪公主
王后每天说: 镜子, 谁最美丽?
"是您! 王后。"
有一天 镜子回答说: 是白雪公主
王后气极了。

好吃的苹果, 谁买呀?
晚上,七个小矮人回来。
在路上一位王子看见了白雪公主的棺材。
白雪公主受到了晃动, 就活了。
他们结婚了。

3 ── 동극지도의 실제

동극을 활용한 학습은 동극적인 요소에 충실하면서도 교실에서 활용할 수 있는 활동이 준비되어 있다. 예를 들어 "백설공주"의 등장인물인 "왕비, 공주, 왕자" 이렇게 세 그룹으로 아동들을 나누어서 플래시 카드를 보여주며 이야기를 들려 준다. 교사가 플래시 카드를 칠판에 붙여 놓고 상황에 적절한 중국어 대사를 아동에게 구사하게 한다. 아동이 개별적으로 말하기 보다는 그룹으로 말하는 것이 좋고, 특히 다인수 학습에서는 좋은 수업이 될 수 있다.

동극을 실제로 공연할 때까지는 많은 준비가 필요하다. 우선 교사는 선택 된 극본의 줄거리를 우리말과 중국어로 읽어주고 중요한 표현들을 행동으로 표현한다든가, 대사에 나오는 중국어의 발음과 억양을 미리 읽어주는 작업이 중요하다. 즉, 도입단계에서는 줄거리를 우리말과 중국어로 함께 말해주고 행동과 더불어 주요 표현과 감정표현 등을 익힌다.

배역결정(casting) 과정에서는 우선 어떤 역할을 맡는 것이 적당한지 알아보는 과정으로 각 아동에게 가장 적당한 배역을 맡기기 위해서 오디션 과정을 거친다. 투표를 해서 배역을 정할 수도 있지만, 배역을 결정하기 전에 등장인물의 성격을 잘 파악하고, 여러 상황을 종합적으로 고려해서 배역을 결정한다. 충분히 연습기간을 거친 다음에 배역을 결정해야 중간에 배역을 바꾸는 경우가 없다. 배역이 결정된 다음에는 각자의 배역에 따라 본격적으로 연습한다.

동극은 소수의 아동이나 등장인물만을 위한 것이 아니라, 학급을 몇 개의 그룹으로 연습시키거나, 나머지 아동들을 조연급으로 활용하면 모두가 동극에 참여하는 활동을 할 수 있다. 동극을 오케스트라에 비유하면, 아동은 각각의 악장을 연주하는 연주가 되고, 교사는 이를 이끄는 지휘자가 될 수 있다. 이와 같이 동극은 교사와 아동 간의 조화를 이루는 것이 중요하다. 한편, 실제 공연은 총연습 후에 하는 것이 바람직하다.

마지막 단계로는 등장인물과 관객이 함께 연극을 평가해보는 시간을 갖는다. 특히 유·초등 중국어에서는 동극공연 후, 언어구사 능력은 어떠했는지, 동극의 내용은 잘 전달이 되었는지, 이런 것을 함께 평가해보면서 더 나은 중국어 구사능력의 계기로 삼아야 한다.

06 ── 역할놀이 (扮演角色)

어린이 중국어 수업에 역할극 또는 동화를 이용하는 동극을 사용하는 이유는 제한적으로 중국어를 사용해야 하는 상황을 극복하여 아동이 이미 배운 중국어를 실제 같은 다양한 상황과 다양한 인물에게 말할 수 있는 기회를 제공할 수 있다는 데 있다. 하지만 어린이 중국어 수업에서 동화를 이용한 동극은 일차적으로 역할놀이와 역할극에서 출발한다고 보아 우선 역할놀이와 역할극의 중요성과 활동을 살펴보고자 한다.

1 ── 역할놀이란

유아는 2세 말에 들어서면 빈 컵을 가지고 물 마시는 흉내를 내는 등의 간단한 역할놀이가 가능해진다. 이러한 간단한 상상놀이는 아동의 연령이 증가하면서 점차적으로 복잡한 양상을 띠게 된다. 아동은 흔히 역할놀이를 하는 동안 자신의 경험을 바탕으로 맡은 역할을 재현하게 된다. 역할놀이를 진행하면서 아동은 점차 같은 주제에 놀이 상대자와 서로 협동하며 언어와 행동으로 상호작용을 하게 되는데, 이를 사회극놀이라고 한다.

(1) 아동 역할놀이의 요소

역할극의 구성요소는 여섯가지로 정리되며, 이 요소 중에서 마지막 두 가지 요소는 사회극놀이를 구성하는 중요한 요인이 된다. 아동은 연령이 증가하고 놀이가 복잡해질수록 혼자서 역할놀이를 하기보다는 또래 친구들과 하나의 주제를 가지고 언어적 상호작용을 하면서 지속적으로 놀이를 하게 된다.

① 역할의 가작화
아동의 가상적 역할을 언어나 행동으로 표현한다.

> 예 엄마역할을 하는 아동이 "나는 엄마야"라고 말을 하거나 밥을 만드는 흉내를 낸다.

② 사물의 가작화

사물을 다른 사물로 대치한다. 역할의 가작화와 마찬가지로 말이나 행동으로 사물을 가작화할 수 있다

> 예 아동이 빈 접시를 가리키며 "이건 케이크야"라고 말을 하거나, 접시에 작은 조각 블록을 담아서 음식인 것처럼 먹는 흉내를 낸다.

③ 행동과 상황의 가작화

언어로 행동이나 상황을 가작화한다.

> 예 아동은 "우리가 지금 자동차를 타고 간다고 하자"라고 말하면서 행동을 가작화하거나, "우리는 지금 아주 시원한 바닷가에 있는 거야"라고 상황을 가작화한다.

④ 상호작용

최소한 두 명 이상의 놀이자가 같은 주제를 가지고 상호작용을 한다.

⑤ 언어적 의사소통

아동은 역할놀이를 할 때에 놀이주제에 끊임없는 상호작용을 한다. 이 때 보이는 의사소통의 형태는 두 가지로 볼 수 있다. 첫째는 역할 정하기나 시나리오 정하기, 물체 가상하기와 같이 놀이주제와 관련된 내용의 대화 같은 메타언어의 의사소통이다. 예를 들어 의사역할을 맡은 아동이 부적절한 행동을 보일 때 함께 놀이하는 아동은 "넌 의사니까, 좀 의젓하게 간호원이 주는 가위를 받아야 해"라고 말을 한다. 이처럼 메타언어의 의사소통은 아동이 역할놀이에서 가상의 역할에서 실제의 자신으로 다시 돌아와서 대화를 나누게 된다. 또한 가상적 의사소통은 아동들이 극화놀이의 주제 안에서 역할 속의 인물이 되어서 하는 대화를 말한다. 아빠역할을 맡은 아동이 "아빠가 운전할 때는 가만히 앉아서 타고 있어야 돼"라고 말하는 것은 가상적 의사소통이다.

⑥ 지속성

아동은 한 가지 주제를 가지고 적어도 10분 이상 놀이를 계속하여야 한다.

(2) 역할놀이와 언어발달

언어발달에 미치는 역할놀이의 기여는 다음과 같다.

① 상상력을 발달시킨다.

② 아동은 역할놀이를 통하여 청각 및 시각변별력을 기른다.

③ 의사소통을 다른 모습으로 발전시킨다.

④ 사회적으로 적절한 언어사용의 학습을 가능하게 한다.

⑤ 말을 할 때 아동이 자연스럽게 동작행위를 겸하는 것을 배우게 한다.

2 역할놀이를 위한 교수전략

① 창의적인 동기 유발이 되도록 동기부여를 하라

② 상상놀이와 창의적 활동이 일어날 수 있도록 환경을 구성하라

공간은 협소하더라도 교사는 아동이 마음대로 활동을 할 수 있도록 교실을 구성해야 한다.

③ 창의적인 활동이 가능하도록 다양하고 풍부한 자료를 제공하도록 노력하라

얼마나 다양한 활동으로 활용할 수 있느냐와 여러 가지 자료 가운데 아동이 얼마나 자유롭게 선택할 수 있는지를 고려해야 한다.

주변에서 손쉽게 사용할 수 있는 활동자료

• 교수적 자료―특별한 개념이나 기술을 가르치기 위해 만들어진 것

• 구성적 자료―다목적으로 사용될 수 있도록 만들어진 자료(예: 적목)

• 순수 놀잇감―아동이 자유롭게 놀이에 사용할 수 있는 것(예: 모래, 물, 점토 등)

④ 아동의 창의적 극놀이활동을 유도하라

창의적인 표현을 할 수 있는 기회는 자신의 행동과 의미있는 타인의 행동을 관찰하여 얻어지는 것으로, 아동은 모델링을 통해 타인의 이해를 높이고, 역할놀이를 통해 심리적인 만족감을 느낀다.

⑤ 가능한 한 동작경험을 많이 하게 하라

⑥ 이야기를 많이 들려주고 많이 하게 하라

이와 같은 경험은 아동에게 이야기의 줄거리 회상능력을 길러줄 수 있을 뿐만, 아니라 어휘가 늘고, 문장을 만들고, 사건을 진술할 수 있는 능력이 길러진다.

3 ── 역할극을 중국어 수업에 활용하기

(1) 역할극의 정의

역할극은 실제상황 또는 교실상황에서 많이 활용되는 일종의 상황극으로 볼 수 있다. 왜냐하면 특별한 준비물 없이도 실제상황에서 사용될 수 있는 유용한 표현과 역할을 수행하는 필요한 목표언어를 연습할 수 있기 때문이다. 역할극을 한 명이 하면 개별활동, 두 명이 하면 짝활동, 그리고 집단으로 하면 집단활동이 되며, 이 때 집단활동은 정확성을 길러주고, 짝활동과 개별활동은 유창성을 길러준다.

(2) 역할극의 장점

① 어떤 상황 속에서 중국어를 실제로 말하는지 알고 즐겁게 참여할 수 있다.
② 이 활동을 통하여 아동은 단어나 문장을 오래 기억할 수 있다.
③ 비디오에 나오는 대화나 그림카드에 나오는 말을 직접 실연해 볼 수 있다.
　　예 직업소개, 시상식의 한 장면

(3) 역할극의 종류

① 개방역할극

아동이 주어진 대사를 마음대로 바꾸고 인물, 상황도 함께 바꿀 수 있는 활동이다. 첫 번째는 토의단계로, 교사는 아동의 생각과 상상력을 아동으로부터 끌어내는 단계이다. 이 때 교사는 어떤 상황이나 상상력을 강요해서는 안 된다. 두 번째는 짝을 지어 하는 활동으로 어떤 역할을 맡을지 의논하는 과정이다. 마지막으로 평가단계가 있는데. 이 때 교사는 아동의 역할극 중에 틀렸던 말을 기억해 두었다가 틀린 내용은 전체적인 맥락 내에서 수정해주고, 잘한 아동에게는 칭찬을 아끼지 말아야 한다.

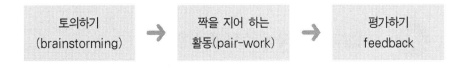

② 병렬역할극

대사는 그대로 놔두고 상황이나 등장인물만 바꿔 역할극을 한다. 다시 말하면 언어는 같고 상황이 달라지는 것이다. 다음에 제시하는 것은 화장실에서 "你做什么?"라는 목표언어는 그대로 두고 역할과 상황만을 바꿔서 역할극을 하는 것이다.

> 예 在洗手间(화장실에서)
> A: (敲门) 你做什么?
> B: 刷牙 / 大便。
> A: (敲门) 你做什么?
> B: 洗澡。

이처럼 목표언어는 그대로 두고 화장실의 위치가 다른 장소, 공중화장실, 유치원 화장실 또는 등장인물이 달라질 경우를 생각해볼 수 있다.

③ 상황역할극

주어진 상황을 가지고 나름대로 역할극을 꾸며 보는 것으로, 교사는 아동이 자유롭게 상황을 해석하고, 이것을 표현해 낼 수 있도록 영감도 주고 자신감을 불어넣어 주어야 한다. 이 때 교사는 상황만 제시할 수도 있고, 아니면 상황과 언어를 동시에 제시하여 줄 수도 있다. 이 활동이 다 끝난 다음에는 아동들이 자주 실수한 주요문장을 기억해 두었다가 다시 한번 피드백을 주어야 한다.

（예） 상황—한 사람이 어떤 집에 들어가려고 하는데, 집에 있는 아이는 발소리에 민감하게 반응하면서 누구인지 두려움에 떠는 장면이 여러 가지 상황으로 제시될 수 있다. (그림으로 상황제시도 가능하다)

T: 谁来做？

S: (한 아이가 지원한다) 我来。

아동의 연습장면 상황 :

S_1: (문 두드리는 소리에 아이가 아주 무서워하고 있다)
　　　我很怕。你是谁？

S_1: (다시 한번 말한다)你是谁？

S_2: (갑자기 상황이 반전되어)祝你生日快乐！　这是我的礼物。

 만들어 봅시다

▶여러 가지 상황을 설정하고 알맞은 대화를 만들어 봅시다.

아동의 연습장면 상황:

④ 대본 역할극

대본을 이용하여 연극이나 역할극을 공연해보는 활동으로 연극적인 요소가 강하다. 이 때에 역할극에 필요한 작은 소품을 사용하면 맡은 역할을 하는 데 도움을 줄 뿐만 아니라 실제감을 더할 수 있다.

（예） 인형을 활용한 동화 이야기

이는 아동이 대본을 읽기에 익숙지 않으므로 인형이나 비디오 또는 여러 가지를 사용해서 연극에 사용되는 대본의 이야기를 해주는 것이다.

• 이야기의 등장인물, 배경, 사건 등을 이야기를 해본다.
• 대본읽기를 한다.
• 다음은 역할을 정하고 집단 읽기활동을 한다.

첫 단계는 교사가 먼저 읽고 아동들이 따라 읽는다.(교사가 선창하고 아동 후창)

두 번째는 소그룹으로 나눠서 상황과 역할에 맞는 대사를 서로 나누어 연습한다. 이런 일련의 과정은 간혹 대사를 잊어버리는 상황이 발생하더라도 대처할 수 있는 순발력을 키워줄 수 있다.

제4장

주제별 중국어 학습방안

01   动 物

주요 표현	단 어
• 동물원 동물 소개하기 　它是谁? 　这是什么(动物)? • 좋아하고 싫어하는 동물 　我喜欢○○,　我不喜欢○○ • 동물의 특징 　大象大吗?大象很大。 　兔子小吗? 兔子很小。 　谁大?大象大。 谁小?兔子小。	• 大象, 兔子, 猴子, 老虎, 长颈鹿, 狮子, 熊猫, 　恐龙, 老鼠, 猪, 狗, 鸡, 猫 • 大, 小 • 长, 短

1 — 이야기 나누기

(1) 동물의 특징

활동목표   관련된 낱말과 문장을 듣고 그 뜻을 이해한다.

교육적 효과   생활—듣기—일상생활에 관련된 낱말과 문장 이해하기

준 비 물   그림판

활동방법

① 울타리가 쳐져 있는 그림을 꺼낸다. 그리고 코끼리, 돼지, 토끼, 호랑이를
   순서대로 하나씩 붙이면서 동물이름을 말한다.

　　T: 这是什么 ?

② 준비해 놓은 각 동물의 특징을 떼고 판에서 아이에게 물어본다.

　　大象 - 鼻子 ,   猪 - 鼻子,   兔子 - 耳朵,   老虎 - 眼睛

(2) 동물의 크기 비교

활동목표   동물의 낱말을 듣고, 관계를 이해한다.

교육적 효과   언어생활─듣기─일상생활에 관련된 낱말과 문장 이해하기

준 비 물   동물 그림판

활동방법

① 동물 그림판에서 반쯤 가려진 동물을 가리킨다

　　T: 我是谁 ?

　　S: 大象。

② 반쯤 젖혀진 그림판을 다 펴준다. "大象"이 나온다.

　　T: 코끼리와 토끼의 몸집은 어떻게 다를까? 코끼리는 몸집이 아주 크죠?
　　　 "크다"를 중국어로 뭐라고 말할까?

　　　　大(몸집이 큰 코끼리를 보여준다) ― 목소리 크게

　　　　小(몸집이 작은 토끼를 보여준다) ― 목소리 작게

③ 이제 기린(长颈鹿)과 쥐(老鼠)의 목을 비교해볼까요? 기린은 목이 아주
   길죠? "길다"를 중국어로 뭐라고 할까요 ?

　　　　　长(목이 긴 기린을 보여준다)

　　　　　短(목이 짧은 쥐를 보여준다)

　　T: 大象大吗 ?

S: 大象很大。

T: 兔子小吗？

S: 兔子很小。

T: 谁大？

S: 大象大。

T: 谁小？

S: 兔子小。

(3) 동물 그림판을 이용한 수수께끼

활 동 목 표　동물을 경험한 것, 생각한 것, 느낀 것을 나름대로 말한다.

교육적 효과　언어생활−듣기−일상생활에 관련된 낱말과 문장 이해하기

준 비 물　동물 그림판

활 동 방 법

① 교사는 동물의 신체 일부만 보이는 그림판을 가지고 있다. 그림판을 들추면 원래의 동물모습이 보인다.

　T: 이제 선생님이 데리고 온 동물 친구들을 만날 거예요. 어? 그런데 우리 동물 친구들이 부끄러운지 다 숨어 버렸어요. 동물 친구들이 어디 숨어 있는지 한번 찾아볼까요?

　여기 바위 뒤에 누군가 숨어 있는 것 같아요. 이게 뭐죠?

　S: 코요.

　T: 누구의 코일까요?

　S: 코끼리요

　T: (그림판을 들추면서) 맞았어요. 코끼리는 "大象"

　　코끼리는 몸집이 커요. 작아요?

　S: 커요.

　T: 크다는 "大". 꼬리는 어때요?

　S: 길어요. 길다는 "长".

② 원숭이와 돼지도 찾는다. 원숭이와 돼지 꼬리를 "길다-짧다", 쥐와 코끼리의
몸을 "크다-작다"로 분류한다.

> T: 게임을 할 거예요. 선생님이 어떤 동물을 소개하는지 잘 들어보고 아는
> 친구가 맞춰봐요.(모션을 한다)
>
> T: 我是谁？我喜欢香焦。我的尾巴很长。
>
> S: 猴子。
>
> T: 对，猴子。(그래 원숭이야)
>
> ※ 다른 동물도 이런 방법으로 설명한다.

(4) 동물농장 구경

활동목표 동물의 울음소리를 정확하게 듣고 말한다.

교육적효과 언어생활-듣고 말하기

준 비 물 동물농장 그림판

활동방법

T: 여기 동물농장에는 어떤 동물이 살고 있는지 우리 한번 구경할까요?

- "汪汪汪(왕~왕~)　狗叫了"

  가장 먼저 강아지가 우리를 반기네. 강아지는 중국어로 "狗"

  선생님을 따라서 강아지처럼 울어볼까요.

  "汪汪汪　汪汪汪"

- "喔喔喔(꼬끼오~꼬끼오~)　鸡叫了"

  아침마다 우리를 깨워주는 닭도 있네. 닭은 중국어로 "鸡"

  선생님을 따라서 닭처럼 울어볼까요?

  "喔喔喔　喔喔喔"

- "喵喵喵(야옹~야옹~)　猫叫了"

  어? 담 위를 뛰어다니는 고양이가 있네. 고양이는 중국어로 "猫"

  선생님을 따라서 고양이처럼 울어볼까요?

"喵喵喵　喵喵喵"

• "苟苟苟(꿀꿀꿀~) 猪叫了"

저기 돼지가 배가 고프다고 울고 있네. 돼지는 중국어로 "猪"

선생님을 따라서 돼지처럼 울어볼까요?

"苟苟苟　苟苟苟"

T: (그림자료를 제시하면서) 이제는 동물친구들이 밤이 되어 숨어 버렸구나.

어떤 동물 친구들이 숨어 있는지 한번 찾아볼까요?

(소리만 들려준다) "汪汪汪　我喜欢骨头"

S: "狗"(강아지요)

※ 이런 식으로 반복한다.

2 — 노 래

(1) 两只老虎

활동목표 중국어로 된 간단한 노래나 노랫말을 만들어본다.

교육적효과 표현생활–노래부르기

준비물 막대로 만든 호랑이

활동방법

♪ 两只老虎　两只老虎　跑得快　跑得快

一只没有耳朵　一只没有尾巴　真奇怪　真奇怪

(2) 可爱的小动物

#15

小鸽子咕咕咕　咕咕咕　小鸭子嘎嘎嘎　嘎嘎嘎

小公鸡喔喔喔　喔喔喔　랄랄랄　랄랄랄　랄랄라

小花猫 喵喵喵 喵喵喵 小黄狗汪汪汪 汪汪汪
小白兔蹦蹦跳 蹦蹦跳 랄랄랄 랄랄랄 랄랄라

3 — 챈 트

我说四个石狮子，你说四个纸狮子。

石狮子是死狮子，纸狮子是死狮子。

要想说好这几字，先要说清四, 石, 纸, 死 和 狮子

※ 발음 "si, shi, zi, zhi"를 구별하는 것이 가장 중요하다.

4 — 게 임

(1) 침묵게임

활 동 목 표   중국어를 알맞은 속도와 크기의 목소리로 말한다.

교육적 효과   언어생활─바르게 발음하여 말하기

준 비 물   플래시 카드

활 동 방 법

교사는 동물카드 중에서 하나를 뽑아 아이들에게는 보여주지 않고, 동물이름 역시 소리내지 않고 입만 벙긋한다. 아이들은 선생님의 입 모양을 주의깊게 보고 동물의 이름을 알아맞힌다.

T: (동물카드를 하나 보이며) 这是什么？

S: 这是狮子。

T: (동물카드를 하나 뽑아 감추며) 再来一次。

　　(소리 내지 않고 입 모양만으로 표현한다) 兔子。

S: 兔子。

T: (감추었던 카드를 보이며) 对, 这是兔子。

  ※ 정확하게 단어나 발음을 연습시키고자 할 때 사용한다.

(2) 对对对 게임

활동목표 동물의 특징과 명칭을 자연스럽게 연결하여 익히고, 묻는 말에
바르게 대답한다.

교육적 효과 언어생활-묻는 말에 대답하기

준 비 물 동물 플래시 카드

활동방법

교사가 동물카드를 들고 동물의 특징을 말한다. 아이들은 그 특징이 맞으면
"对对对"라고 하고, 틀리면 "不对 不对 不对"라고 말한다.

  T: (원숭이 카드를 보이며) 猴子有尾巴, 尾巴很长。

  S: (고개를 끄덕이며) 对对对。

  T: (원숭이 카드를 꺼내며) 猴子有嘴, 嘴很大。

  S: (고개를 저으며) 不对 不对 不对。

  ※ 게임이 익숙해지면 말하는 속도를 빠르게 하여 흥미를 더해준다.

(3) 물건(카드) 가져오기

활동목표 주변의 중국어 글자에 관심을 가진다.

교육적 효과 언어생활-읽기·쓰기에 관심가지기

준 비 물 이전수업에서 이미 사용한 단어와 관련된 그림이나 실제사물

활동방법

① 아이에게 물건과 그림을 보여주고, 관련된 어휘를 반복하면서 연습시킨다.
② 물건과 그림을 바닥 위에 흩어놓는다.
③ 한 아이를 불러내서 지시사항을 전달한다.

T: 00拿来兔子，好吗？

④ 만일 그 아이가 지시사항을 이행하는 데 어려움을 겪는다면 그 아이를 데리고 토끼그림 앞으로 가서 아이가 그것을 집어 교사에게 주도록 만든다.

   ※ 아동이 교실에 들어오기 전, 미리 사물과 그림을 교실 내의 각기 다른 위치에 놓아두고, 그것을 지시에 따라 가져오게 한다.

(4) 동물(사물) 찾아내기

활동목표   이야기를 듣고, 기억나는 것을 말해본다.

교육적효과   언어생활－듣기－이야기를 듣고 이해하기

준 비 물   그림이 그려있는 활동지

활동방법

종이에 몇 가지 동물 (또는 그 이외의 것)그림을 그린다. 그리고 그 종이를 아이 1인당 한 장씩 복사해둔다. 아동은 선생님의 지시에 따라서 그림 속에 있는 특정사물을 골라낸다.

① 칠판 위에 몇 가지 동물을 그린다.

② 한 아이를 불러내어 분필이나 펜을 쥐어주고, 교사가 부르는 그림 밑에 동그라미를 치라고 말한다.

③ 같은 방법으로 또 다른 아이를 불러내어 다른 그림 밑에 동그라미를 그린다.

④ 이제 아이에게 준비해 둔 그림종이들을 나누어주고, 교사는 다른 동물 이름을 부르며 아이에게 동그라미를 치라고 말한다.

⑤ 아이가 동그라미를 쳤으면 아이에게 그 그림을 색칠하게 한다.(중국어로 색깔을 말해도 좋다)

   T: 涂绿色，涂黄色。

(5) 为什么 为什么 来到我家

활동목표 동물의 특징과 명칭을 자연스럽게 연결하여 익히고, 묻는 말에 바르게 대답한다.

교육적효과 언어생활－묻는 말에 대답하기

준 비 물 동물의 머리띠

활동방법

① 아동이 동물이 그려 있는 머리띠를 하나씩 머리에 쓴다.

② 두 그룹으로 나눈 후, 한 그룹이 "为什么, 为什么, 来到我家"라고 말한다.

③ 다른 한 그룹은 "我找长颈鹿, 长颈鹿, 长颈鹿"라고 말한 뒤 "가위 바위 보"를 하고, 이긴 팀으로 한 명을 데려온다. 한쪽의 인원이 모두 없어지면 게임이 끝난다.

※ 전래놀이 "우리집에 왜 왔니"를 응용한 게임이다.

5 ── 동 화

제목: 小熊的拔牙

有一只小熊, 他不喜欢刷牙。

有一天, 熊妈妈出去了, 小熊找一找吃的。

小熊吃了很多糖果。

小熊突然叫起来了, "啊哟, 我的牙痛"。

兔大夫听到小熊的叫声。

兔大夫瞧了瞧小熊的牙齿说, "你吃甜东西太多了, 又不爱刷牙"。

兔大夫把熊猫的坏牙拔下来。

以后, 小熊每天刷牙, 再也不痛了。

02 　　　　　　　　　　　　　　　　　　　　　　衣　服

주요표현	단어
• 물어보기 这是什么? • 옷을 입다, 옷을 벗다 穿衣服, 脱衣服 • 옷을 입은 상태 真漂亮 很大, 很小 很长, 很短	• 衣服, 裙子, 裤子, 袜子, 大衣, 手套, 毛衣, 帽子, 围巾, 雨衣, 睡衣, 游泳衣, 游泳裤, 鞋, 雨靴 • 漂亮, 大, 小, 长, 短, 脏 • 穿, 脱, 戴, 摘, 打, 解

1 ── 이야기 나누기

(1) 무슨 옷을 입었니

활동목표 　의복과 관련된 낱말과 문장을 듣고, 그 뜻을 이해한다.

교육적효과 　언어생활-듣기-말소리 듣기

준 비 물 　옷이 그려진 복사자료, 가위, 색연필

활동방법

① 복사자료를 나누어주고 아이가 그림에 색칠하게 한다.

② 아이가 색칠한 그림을 칠판에 붙이고 번호를 써넣는다.

③ 교사는 그림 중 하나를 임의로 마음속에 정하여 중국어로 말하고 아이에게
　어떤 그림이었는지 물어본다.

　　T: 他穿裤子。

　　　他戴帽子。

他穿红色的大衣。

他是谁? (또는 "他是几号?")

　　　　S: 他是二号。

④ 어느 정도 숙달되면 이번에는 아동이 돌아가면서 교사에게 질문하게 하고,
　　그 그림이 무엇인지 맞춘다.

　　　　S_1 : 他穿了毛衣。

　　　　T : 对。

　　　　S_2 : 他穿了红色的毛衣吗?

　　　　T : 对。

　　　　S_3 : 他是三号。

　　※ "了"를 동사와 연결시켜 "穿了"로 학습하여 완료형을 자연스럽게 익히게 한다.
　　※ 헌 잡지에서 여러 사람을 오려내게 하여 손의 협응력을 기른다.
　　※ 그림카드를 이용해 먼저 옷의 명칭을 익힌다.

(2) 나는 모델이에요

활동목표　　다양한 소재를 창의적으로 활용하여 조형활동을 한다.

교육적 효과　표현생활-표현-다양한 소재를 활용하여 조형 활동하기

준 비 물　　복사자료(옷을 입지 않은 아이와 여러 옷그림), 가위, 스카치테이
　　　　　　　프, 색연필

활 동 방 법

① 아이 모두에게 나누어 줄 만큼의 옷본을 복사해준다.

② 아이에게 자기 인형의 옷을 마음대로 만들어주라고 한다.

③ 자기 인형에게 만들어 줄 옷을 선택한 후 색칠하고 오려낸다.

④ 패션쇼를 할 것이라며, 이 때 자기 인형을 가지고 행진하도록 한다.

⑤ 아이는 중간에 나와 모델이 어떤 옷을 입었는지 설명한다.

　　　　S_1: 我穿裤子。

　　　　S_2: 我戴帽子。

※ 교사는 다른 아동에게 그 모델이 무엇을 입었는지 물어본다.

      T: 他穿什么？   S₁：他穿裤子。

      T: 他戴什么？   S₂：他戴帽子。

※ 무슨 색깔의 옷을 입었는지에 응용표현을 학습할 수 있다.

      T: 这是什么颜色？

      S: 这是红色。

      T: 他穿红色的裤子。

2 ─ 노 래

(1) 真漂亮

♪ 我穿什么　我穿什么　穿裙子　穿裙子

我的衣服漂亮　我的衣服漂亮　真漂亮　真漂亮

※ "裙子" 대신 다른 단어로 교체하여 반복시킬 수 있다.

※ "裙子"부분에서만 노래를 부르지 않거나, 목소리를 다양하게 바꾸어 노래를 부른다.(창의적 반복 고려)

※ 영어동요 "Are you sleeping?"에 맞추어 부를 수 있다.

(2) 谁穿了裤子

#17

谁穿了裤子　谁穿了裤子　谁穿了裤子　快来跟我说

我穿了裤子　他穿了裤子　我们都喜欢穿　每天喜欢穿

※ "裤子" 대신 다른 단어로 교체하여 반복시킬 수 있다.

챈 트

下~雪 下~雪　　　　　(손가락을 흔들면서 위에서 아래로 천천히 내린다)
冷冷冷冷　　　　　　(과장될 정도로 몸을 부르르 떤다)
穿大衣 戴手套 打围巾 (외투를 입는 동작, 장갑을 끼는 동작, 목도리를 두르
　　　　　　　　　　　는 동작)
有太阳 有太阳 有太阳 (손으로 머리 위에 큰 원을 만든다)
热热热热　　　　　　(이마 위의 땀을 닦는 척을 한다)
脱大衣 脱手套 解围巾 (외투를 벗는 동작, 장갑을 빼는 동작, 목도리를 푸는
　　　　　　　　　　　동작)

① 아동에게 눈이 내리는 그림을 보여주고 "下雪"라고 말한다. 교사는 팔로
　 자기 몸을 감싸고 몸을 떨고 아동들이 따라하게 한다.
② 태양이 있는 그림을 보여주며, 위의 과정을 반복한다.
③ 순서에 맞춰 외투→장갑→목도리 그림순서로 칠판에 붙인다.
④ 율동과 함께 부른다.
⑤ 2회 반복하며 아이와 같이 참여할 수 있도록 유도한다.

　　　※ 명사와 동사를 함께 연결시켜 하나의 단어처럼 먼저 익히게 한다.
　　　※ 동사의 상대어를 함께 익힌다. 이 때 항상 동작을 가미한다.
　　　　穿 / 脱(大衣), 戴 / 脱(手套), 打 / 解(围巾)
　　　※ 첫 부분 "下雪 / 有太阳"에서 동작만 하고, 다음 부분에선 목소리와 동작을
　　　　같이 낸다.
　　　※ 첫 부분에서 목소리와 동작을 함께 하고 "冷, 热" 부분에선 목소리를 내지
　　　　않고 동작만 할 수 있다.

4 — 게 임

날씨가 추워요

활동목표　여러 가지 자연현상을 관찰하고, 그 변화에 관심을 가진다.

교육적 효과　탐구생활―과학적 사고―자연현상 관찰하기

준 비 물　실제 옷, 목도리, 우산, 장갑 등

활 동 방 법

① 옷을 아이가 있는 곳 중앙에 배열한다.

② 교사는 한 아이를 불러 "拿大衣"라고 말하고, 아이는 그 옷을 가져온다.

③ 반복연습을 한 후 교사는 날씨에 알맞은 옷을 가져오는 게임을 할 것이라고 말한다.

④ 아이를 두 팀으로 나누고, 한 명씩 순서를 정한다.

⑤ 교사가 날씨를 말하면 아이는 그 날씨에 적합한 물건이나 옷을 가져온다.

⑥ 아이가 적합한 것을 찾아오면 그것을 가지거나 입을 수 있지만 그렇지 않을 경우 그 물건을 도로 가져다 놓는다.

> T: 现在下雨。
>
> T: (잘못 가져올 경우) 不对, 全都湿了, 再来一次。
>
> T: (제대로 가져올 경우) 很好, 我们可以撑伞了。
>
> T: 现在下雪。
>
> T: 现在很冷。
>
> T: 现在很热。

⑦ 게임이 끝났을 때 옷이나 물건을 가장 많이 갖고 있는 팀이 이긴다. 이긴 팀에게는 스티커를 한 장씩 나눠준다.

> ※ 날씨를 말할 때 교사는 제스처로 같이 표현해도 된다.
>
> ※ 기본학습으로 그림판을 사용해 날씨의 단어를 반복연습한다.
>
> 下雪 / 下雨 / 有太阳 / 热 / 冷

03 家　人

주요표현	단어
• 가족소개 我是爸爸。 你家有几口人? 我家有O口人。	• 爸爸，妈妈，爷爷，奶奶，姐姐，哥哥， 弟弟，妹妹， • 我，你，他 • 喜欢，爱 • 领带，围裙，手仗，胡子

1 ── **이야기 나누기**

(1) 가족구성원의 특징

활동목표　가족구성원의 물건을 연관성을 고려하여 비교해 본다.

교육적효과　탐구생활-논리·수학적 사고-사물의 순서짓기

준 비 물　넥타이, 앞치마, 지팡이, 흰수염, 가족 그림판

활동방법

① 각 물건을 배역얼굴이 그려진 곳에 준비해 둔다.

② 교사는 물건과 그림판을 보여주면서 단어와 문장을 반복시킨다.

　　T/S: 这是爸爸, 爸爸带领带。

　　　　这是妈妈, 妈妈带围裙。

　　　　这是奶奶, 奶奶拄拐杖。

　　　　这是爷爷, 爷爷有胡子。

③ 교사는 물건들을 섞어놓고, 아동 4명에게 선생님의 말에 따라 물건을 집어 착용하라고 한다.

④ 아동들은 한 명씩 앞으로 나와 흩어진 물건을 지시에 맞게 착용한다.

T: 你是爸爸。

你是妈妈。

⑤ 물건을 착용한 아이는 그 역할에 맞춰 자기가 누구인지, 어떤 특징을 가지고 있는지 중국어로 말한다.(2번 참조)

> ※ 아동 4명을 정하여 분장시키고 자기의 역할에 따라 아동은 배역특징에 맞춰 행동한다. 이 때 아동 모두 챈트 노래를 같이 불러준다.(盖上你的眼睛)
>
> 아빠: 넥타이를 매는 시늉
>
> 엄마: 앞치마를 두르는 시늉
>
> 할머니: 지팡이를 짚고 걷는 시늉
>
> 할아버지: 수염을 만지는 시늉

(2) 동물가족

활동목표 여러 가지 도구를 사용하여 자신의 생각이나 느낌을 자유롭게 그린다.

교육적효과 표현생활-표현-그림그리기

준 비 물 스케치북, 색연필

활동방법

① 아이는 학습한 동물을 그린다.

② 아이는 4명이 한 팀이 되어 각각 "爸爸狗, 妈妈狗, 姐姐狗, 东东狗" 등으로 역할을 맡는다.

③ 팀 구성원이 모두 나와 동시에 동물 울음소리를 흉내 내며 역할이 무엇인지 말한다.

S_{1234}:　狗-汪汪

S_1:　　我是爸爸狗。

S_2:　　我是妈妈狗。

S_3:　　我是姐姐狗。

S_4:　　我是东东狗。

2 — 노　래

〈喜欢家里人〉

♪　我喜欢爷爷　我喜欢奶奶　我喜欢爸爸　我喜欢妈妈

　　我喜欢姐姐　我喜欢弟弟　我喜欢家里人

　　※ "열꼬마 인디언" 노래에 맞추어 부를 수 있다.

3 — 챈　트

〈盖上你的眼睛〉

#19

盖上你的眼睛　盖上你的眼睛　移到左边　爸爸在 "你好"

盖上你的眼睛　盖上你的眼睛　移到右边　妈妈在 "你好"

盖上你的眼睛　盖上你的眼睛　移到上边　奶奶在 "你好"

盖上你的眼睛　盖上你的眼睛　移到下边　爷爷在 "你好"

盖上你的眼睛　盖上你的眼睛　打开　打开　我在这儿 "你好"

(할아버지가 수염을 쓰다듬는 모습)

※ 챈트율동

• 왼손과 오른손바닥으로 차례로 눈을 가린 후 왼쪽으로 모두 옮긴 뒤 양손을
  허리에 대고 아빠 목소리를 내며 "你好"라고 말한다.

• 왼손과 오른손바닥으로 차례로 눈을 가린 후 오른쪽으로 모두 옮긴 뒤 한 손은
  허리에, 한 손은 인사하듯 흔들고, 엄마 목소리를 내며 "你好"라고 말한다.

• 왼손과 오른손바닥으로 차례로 눈을 가린 후 위쪽으로 모두 옮긴 뒤 할머니가
  지팡이를 짚고 있는 모습을 하고 할머니 목소리로 "你好"라고 말한다.

• 왼손과 오른손바닥으로 차례로 눈을 가린 후 아래쪽으로 모두 옮긴 뒤 할아버
  지가 수염을 쓰다듬으면서 할아버지 목소리로 "你好"라고 말한다.

• 왼손과 오른손바닥으로 차례로 눈을 가린 후 한손씩 옆으로 움직여 얼굴을
  보여준 뒤 두손을 흔들며 아이목소리로 "你好"라고 말한다.

4 — 게 임

활동목표　　한 가지 준거로 사물을 분류해 보고, 분류의 준거를 찾아본다.

교육적 효과　탐구생활ー논리 · 수학적 사고ー사물 분류하기

준 비 물　　가족그림카드(할아버지, 할머니, 엄마, 아빠, 언니, 여동생, 오빠,
　　　　　　　남동생, 东东), 그림카드는 여러 장씩 중복됨

① 아이들을 5명씩 한 조로 만들고, 조마다 둥글게 서게 한다.

② 교사는 5명의 가족을 모을 것이라고 말하고 준비된 카드를 아이들에게 3장
　씩 나눠준다.

　　　　T: 东东家有五口人，有爷爷、奶奶、爸爸、妈妈和东东。

③ 교사는 한 아이를 불러내서 연습게임을 한다.

　　　　T:　你有妈妈吗?

　　　　S_1:　有，给。

　　　　T:　谢谢，你有爸爸吗?

　　　　S_2:　没有。

④ 각 조의 첫 번째 아동이 한 명에게 다가가 자신이 원하는 카드가 있는지
　묻어본다.

⑤ 대답이 "没有"면 물어본 아이는 기회를 잃고, "没有"라고 대답한 아이는 다
　른 아동에게 자신이 원하는 카드가 있는지 물어본다.

⑥ 5명의 가족을 먼저 모으는 아이가 승자가 된다.

　　※ 연습되는 가족구성원수를 5명보다 적게 할 수 있고, 매번 가족구성원을 바꿔
　　　서 게임을 실행해도 된다.

5 ─ 동 화

〈东东的家人〉

东东家有六口人。

爸爸，妈妈，哥哥，姐姐，东东，还有爷爷。

有一天爸爸说: 大家说最好时，把我竖起来，我们当中我最好。

在旁边的妈妈说: 大家指高的地方时，就用我，我最好。

突然，哥哥说: 不对，妈妈，我们当中谁最高，就是我，我最好。

姐姐说: 漂亮的戒指谁戴?就是我，我最好。

东东也说了：约定时，掏鼻时，就用我，我最好。

这时爷爷手掌好好儿听着，然后说：如果没有我，你们都动不了。

那谁最好？

※ 손가락인형을 이용하면 쉽게 이야기를 풀어나갈 수 있다.

04   饮 食

주요표현	단 어
• 물어보기 这是什么？ • 맛 물어보고 대답하기 香焦好吃吗？ 很好吃。不好吃。 • 음식에 사용되는 동작 말하기 你喝什么？ 我喝牛奶。 你吃什么？ 我吃汉堡包。	• 水果: 香蕉，葡萄，橘子，西瓜， 苹果，草莓 • 蔬菜: 黄瓜，豆芽，胡萝卜(红萝卜)， 土豆，西红柿，洋葱 • 汉堡包，比萨，可乐，牛奶，橙汁， 饼干，口香糖 • 吃，喝

1 — 이야기 나누기

(1) 과일이름 알아보기

활동목표   여러 가지 중국어 낱말과 문장을 활용하여 바르게 말한다.

교육적 효과   언어생활—말하기—일상생활에 관련된 낱말과 문장 말하기

준 비 물   그림이 그려진 플래시 카드

T: (과일카드를 꺼내들며) 这是什么？

S: 바나나요.

T: 바나나는 "香蕉".

　　"香蕉"은 어떻게 먹죠?

S: 까서 먹어요.

T: (손동작으로 까서먹는 흉내)이렇게 먹죠!

　　香焦好吃吗？

S: 네.

T: 맛있으면 우리 눈이 동그랗게 되도록 이렇게 해볼까요? (띠옹띠옹)

　　※ 노래 "香焦好吃"와 연결하여 불러본다.

(2) 과일의 색깔

활동목표　묻는 말에 바르게 대답한다.

교육적효과　언어생활−말하기−묻는 말에 대답하기

준비물　앞에는 숫자 그리고 뒤에는 그림이 그려진 카드

활동방법

① 아이들에게 우드락 판에 숫자가 보이게 그림카드를 붙이라고 한다.

② 한 아이를 시켜 마음에 드는 숫자를 하나 골라서 친구들에게 숫자 뒤의 그림
　을 보여주라고 한다.

　　　T: 这是什么？

　　　S: 사과요, 苹果.

　　　T: 맞아요, 사과에요. "苹果", 사과가 무슨 색깔이에요?

　　　S: 빨강색이요.

　　　T: 맞아요, "红色的苹果" 그림카드가 몇 번에 있지요?

③ 아이들이 맞춘다.

2 — 노 래

(1) 香蕉好吃

#21

香蕉好吃　香蕉好吃　哦哦哦哦　香蕉好吃
橘子好吃　橘子好吃　哦哦哦哦　橘子好吃
洋葱不好吃　洋葱不好吃　哦哦哦哦　洋葱不好吃

(2) 你喜欢什么水果

#23

香蕉　橘子　葡萄　和　草莓
香蕉　橘子　葡萄　和　草莓
香蕉　橘子　葡萄　和　草莓
你喜欢什么水果?("我喜欢西瓜" 등으로 말할 수 있다)

※ 게임이나 이야기 나누기 상황에서 대답을 자연스럽게 주고받을 때 사용하면
더욱 효과가 있다.

(3) 蔬 菜

#25

西红柿是　嘻嘻嘻　– 실실 웃는 동작
洋白菜是　痒痒痒　– 간지러운 동작
萝卜是　　剥剥剥　– 무 껍질을 벗기는 동작
辣椒是　　拉拉拉　– 끌어당기는 동작
大葱是　　打打打　– 때리는 동작
洋葱是　　痒痒痒　– 간지러운 동작
南瓜是　　刮刮刮　– 수염을 깎는 동작
菠菜是　　bobobo　– 뽀뽀하는 동작

※ 채소의 발음 중 하나와 그 발음이 같은 동사를 연결한다.

3 — 챈 트

(1) 大苹果

#27

我是一个大苹果	(나는 커다란 사과예요)
朋友们都喜欢我	(친구들은 모두 나를 좋아하죠)
请你先去洗洗手	(먼저 가서 손을 씻으세요)
要是手脏别碰我	(손이 더러우면 나를 만지지 말아요)

※ 챈트율동

- 얼굴위치에서 두 손으로 크게 원을 그린다.
- 두 팔을 옆으로 벌리면서 좌우로 흔든 후 손으로 하트모양을 그린다.
- 한손으로 방향을 가리키고 나서 두 손을 씻는 모양을 한다.
- 한 손을 코에다 대면 냄새가 나는 표정을 짓고, 두 손으로 X자 모양을 크게 만든 후 상대방을 건드리는 모습을 한다.

(2) 果 酱

#29

草莓, 草莓	(딸기, 딸기)
糖, 糖	(설탕, 설탕)
放在锅里	(솥안에 넣어서)
再搅拌, 再搅拌	(섞어주세요, 섞어주세요)
真香, 真香	(정말 향기롭군요)

※ 챈트율동

- 두 손을 살짝 들고 딸기 집어넣는 모습을 양쪽에서 한 번씩 보여준다.
- 설탕은 톡톡 털어 넣듯 엄지를 치켜들고 톡톡 병을 흔들어 뿌리는 동작을 보인다.
- 큰 솥을 두 손으로 맘껏 표현한다.
- 큰 솥 안에서 큰 국자로 밑바닥을 힘껏 젓는 동작을 한다.
- 향기가 좋다는 얼굴표정을 짓는다.

4 — 게 임

말 전달하기

- **활동목표** 언어전달 능력을 기른다.
- **교육적 효과** 표현생활—만들기와 꾸미기
- **준 비 물** 과일바구니, 과일카드
- **활 동 방 법**

① 팀을 나누고 맨 앞에 앉은 아이를 나오게 한다.

② 이 아이에게 귓속말로 과일심부름을 시킨다.

③ 아이는 팀으로 돌아와 팀 친구들에게 귓속말로 뒷친구에게 말을 전달하고 맨 뒤에 앉은 친구들이 과일을 사온다.

   ※ "과일" 주제뿐만 아니라 여러 다른 주제에도 응용하여 사용할 수 있다.

05 | 职 业

주요표현	단 어
•어떤 사람인지 물어보기 他是谁? 他是什么人? •대답하기 他是医生。	老师，警察，厨师，记者，广播员，歌手， 演员，模特儿，消防队员，飞行员，邮递员

1 — 이야기 나누기

(1) 누구입니까

활동목표   직업을 나타내는 모습을 가지고, 부분과 전체를 비교해 볼 수 있다.

교육적효과   탐구생활−논리·수학적 사고−전체와 부분 경험하기

준 비 물   선생님(분필), 의사(청진기), 경찰(수갑), 요리사(프라이팬, 모자)의 특징적인 모습이 그려진 그림판(작은 구멍을 뚫은 판을 낄 수 있는 그림판)

활동방법

① 교사는 그림을 들고 구멍판을 천천히 움직인다.

② 구멍을 통해 분필을 든 모습을 살짝 보여준다.

     T: 他是什么人?

     S: 他是老师。

     T: 对。

※ 위의 학습이 이루어진 후 그림을 보며 교사는 동작과 함께 묘사해 볼 수 있다.

老师拿着粉笔。
医生带着听珍器。
警察拿着手烤。
厨师戴着厨师帽。

(2) 텔레비전 상자

활동목표 직업과 관련된 여러 가지 낱말과 문장을 활용하여 바르게 말한다.

교육적 효과 언어생활－말하기－일상생활에 관련된 낱말과 문장 말하기

준 비 물 텔레비전 상자

활 동 방 법

① 교사는 텔레비전 상자를 보여주며 중국어로 어떻게 말하는지 알려준다.

　　T: 这像什么？　这是电视。你们家都有电视吗？
　　　　哇，都有

② 교사는 텔레비전 상자를 들고 아이들에게 물어본다.

　　T: 텔레비전에 누가 나올까?
　　S: 가수, 탤런트, 기자, 아나운서, 모델……

③ 교사는 아이들의 대답을 정리하여, 가수, 탤런트, 기자, 아나운서, 모델을 가지고 리듬을 살려 말하며 각종 흉내를 낸다.

　　T : 唱歌的歌手　　（노래하는 흉내를 낸다）
　　　　演技的演员　　（우는 흉내를 낸다）
　　　　步行的模特儿　（걸어가는 모습을 한다）
　　　　采访的记者　　（마이크를 잡은 모습을 한다）
　　　　广播的广播员　（넥타이를 바로 잡거나 꼿꼿이 앉아 있는 모습을 한다）

④ 교사는 텔레비전 상자를 아동 한 명 앞에 갖다 대며 물어본다.

　　T: 你是什么人？
　　S: 我是歌手。
　　T/S모두: 唱歌的歌手。

　　※ 명칭이 나올 때마다 ③번의 챈트를 아동과 교사가 같이 말하며 흉내 낸다.

2 — 노 래

(1) 나는 이런 일을 해요

♪ 我是老师 教教书   (칠판에 쓰는 모습)

我是医生 看看病   (청진기를 대는 모습)

我是警察 抓小偷   (수갑을 채우는 모습)

我是厨师 做做菜   (프라이팬을 뒤집는 모습)

※ 미국민요 "비행기" 맞추어 불러볼 수 있다.

(2) 우리 나가신다 문을 열어라

♪ 打打打开   东大门

打打打开   南大门

我们是呀   医生   警察

我们是呀   老师   厨师

※ 우리동요 "동동동대문을 열어라"의 운율에 맞추어 불러본다.

(3) 你想当什么

#31

你想当什么   你想当什么   你想当什么(호루라기 소리)

我想当警察   我想当警察   我想当警察

你们呢

你想当什么   你想当什么   你想当什么(진찰하는 소리)

我想当医生   我想当医生   我想当医生

你们呢

你想当什么   你想当什么   你想当什么(비행기 나는 소리)

我想当飞行员   我想当飞行员   我想当飞行员

你们呢

你想当什么　你想当什么　你想当什么(초인종 누르는 소리)

我想当邮递员　我想当邮递员　我想当邮递员　这是你的信　谢谢

※ 노래율동

- 손가락으로 머리를 짚으며 생각하는 흉내를 낸다.
- 양손의 엄지로 자기를 가리키며, 경찰인사를 한다.
- 두 손으로 상대방을 가리킨다.
- 손가락으로 머리를 짚으며 생각하는 흉내를 낸다.
- 양손의 엄지로 자기를 가리키며, 의사가 진찰하는 모습을 재연한다.
- 두 손으로 상대방을 가리킨다.
- 손가락으로 머리를 짚으며 생각하는 흉내를 낸다.
- 양손의 엄지로 자기를 가리키며, 양손을 벌리고 나는 시늉을 한다.
- 두 손으로 상대방을 가리킨다.
- 손가락으로 머리를 짚으며 생각하는 흉내를 낸다.
- 양손의 엄지로 자기를 가리키며, 가방에서 편지를 꺼내어 전해주면서, 받는 사람은 감사의 표시로 인사를 한다.

※ 율동이 익숙해지면 중간에서 같은 율동이라도 다른 것으로 조금 변화를 주어도 좋다.

③ — 게 임

(1) 나는 이런 곳에 갑니다

활동목표　　다양한 방법으로 글자놀이를 즐긴다.

교육적효과　　언어생활－읽기, 쓰기에 관심 가지기－글자로 놀이하기

준 비 물　　• 의사, 경찰, 요리사 그림카드

　　　　　　• 학교, 병원, 경찰서, 식당(우체국, 기차역, 공항, 동물원) 그림카드

・"去"라고 쓰인 단어카드

① 교사는 먼저 그림카드로 단어와 주요표현을 연습한다.(부직포 판에 붙이면서)

    T: 教師去教室。

        医生去医院。

        警察去警察局。

        厨师去厨房。

② 아이들이 어느 정도 숙지되면 교사는 아이 두 명씩 앞으로 나오게 한다.

③ 교사가 ①의 문장을 말하면 아이는 그림카드 안에서 해당하는 그림을 찾아 교사가 말한 문장순서대로 붙인다.

④ 이번에는 교사가 ①을 말하지 않고 다음과 같이 말한다.

    T: 教师去医院。

        医生去警察局。

⑤ 아이는 새로운 문장 문장에 따라 그림을 찾아 문장순서대로 붙인다.

    ※ 연습이 충분히 되었다면 다시 새로운 명사들을 대입시켜 문장을 연습한다.

    T: 教师去火车站。

        警察去邮局。

(2) 카드 뒤집기

글을 자기 생각대로 순서지어 말해 본다.

언어생활－읽기, 쓰기에 관심 가지기－동화와 동시 즐기기

그림카드

① 카드를 섞어서 테이블 위에 엎어 놓는다.

② 아동 2명씩 앞으로 나오게 한다.

③ 아이들은 카드 한 장씩 뒤집고 그 카드를 읽는다.

④ 뒤집은 카드 중에서 한 문장을 먼저 완성하여 소리 내어 읽는 아이가 이긴다.

(3) 검문소를 지나요

활동목표   묻는 말에 대해 올바르게 말한다.

교육적 효과   언어생활-말하기-묻는 말에 대답하기

준 비 물   "우리 나가신다 문을 열어라" 노래

활 동 방 법

① 두 명의 아이를 뽑아 손으로 검문소를 만들고 다른 아이들은 줄을 서며 "우리 나가신다 문을 열어라" 노래를 부른다.

② 노래가 끝났을 때 검문소 역할의 두 아이는 검문소 만든 손을 내려버리고 그 중 한 명이 검문소 안에 갇힌 아이에게 묻는다.

    S_1: 你是谁?

    S_2: 我是厨师。

    S_1: 你去哪儿?

    S_2: 我去火车站。 또는 我去食堂。

③ 제대로 문장을 만든 아이는 풀어주고 그렇지 않았을 경우 그 아이가 검문소 역할 중 한 명이 되고 질문한 아이는 줄 뒤에 서서 게임을 하게 된다.

身体

주요표현	단 어
•얼굴부위를 가리키고 대답하기 这是什么? 这是鼻子。 •부위별로 어디에 있는지 묻고 대답하기 鼻子在哪里? 鼻子在这里。	鼻子, 耳朵, 眼睛, 嘴巴 手, 脚, 屁股, 头, 肚子

1 ── 이야기 나누기

(1) 얼굴부위 명칭을 리듬있게 말하기

활동목표 우리 몸의 주요 부분의 중국어 이름과 기능을 알아본다.

교육적 효과 탐구생활−과학적 사고−우리 몸에 관심 가지기

준 비 물 루돌프사슴코(코에 낄 수 있는 빨간 동그란 코), 코, 귀, 입, 눈
각각의 그림판

활동방법

① 교사는 루돌프사슴 코를 들고 신체에 관한 도입을 진행한다.

　　T: 자, 며칠 있으면 12월 25일이에요. 무슨 날이죠?

　　S: 크리스마스요.

　　T: 맞아요, 크리스마스죠. 이 날은 산타 할아버지가 여러분한테 선물을
　　　　가져오려고 썰매를 타고 올 거예요. 썰매는 누가 끌고 오는지 알아
　　　　요?

　　S: 루돌프요.

T: 그래요. 루돌프가 끌고 오죠? 자 우리 루돌프를 불러볼까? 一,
　　二, 三.
　　짠 이게 뭐지? 루돌프 코네. 아, 루돌프는 얼굴에서 코가 제일 예쁘
　　구나. 코는 "鼻子"라고 해요.

② 교사는 그림판을 들고 신체부위를 하나씩 말해준다.

T: 우리 친구들 예쁜 얼굴에도 눈, 코, 입, 귀가 다 있어요. 우리 친구들
　　은 뭐가 제일 예쁜지 볼까요? 선생님이 얼굴에 뭐가 있는지 그림을
　　가져왔어요. 一, 二, 三

T: 예쁜 눈이구나. 이 눈은 쌍꺼풀이 있네요. 우리 친구들 중에 쌍꺼풀
　　이 있는 친구 손들어 볼까요? 와 그렇구나. 손 내리고. 이번엔 쌍
　　꺼풀 없는 친구 손 들어봐요. 선생님이 보니까 우리 친구들 눈이
　　정말 다 예쁘네, 눈은 "眼眼 眼睛". 다음엔 뭐가 나오는지 주문 걸
　　어보자. 一, 二, 三

T: 흠흠, 무슨 향기가 나네. 선생님처럼 향기를 맡아봐요.
　　향기를 맡는 코는 "鼻鼻 鼻子". 다음엔 우리 친구들이 주문 걸어봐
　　요. 一, 二, 三

T: 와 입이네. 진짜 크죠. 우리 입으로 뭐하죠? 엄마 아빠와 뽀뽀해요.
　　입은 "嘴嘴 嘴巴". 자, 이번엔 다 같이 주문! 一, 二, 三

T: 음. 안 나온다. 주문이 잘 안 들리나봐. 다시 한번 一, 二, 三!
　　와. 나왔다. 이번에 들렸나봐. 우리 어디로 들었니?

S: 귀로 들었어요.

T: 귀는 "耳耳 耳朵"

※ 숫자 1, 2, 3을 자연스럽게 연결시킨 주문 걸기는 흥미를 유발할 수 있다.
※ 단어의 앞 음절을 중복시키면 외우기도 쉽고 중국어와 한국어 의미 또한 어색
　하지 않다.
　　眼眼眼睛, 鼻鼻鼻子, 嘴嘴嘴巴, 耳耳耳朵

(2) 신체부위를 가리키자

활동목표 우리 몸의 주요 부분의 중국어 이름을 안다.

교육적효과 탐구생활－과학적 사고－우리 몸에 관심 가지기

준 비 물 신체의 각 부분이 있는 낱말카드 또는 사람의 신체가 그려진 큰 형태의 그림(부직포판)과 얼굴의 각 부위그림(찍찍이), 빨간색 벙어리장갑

활 동 방 법

① 그림이나 낱말카드를 이용하여 단어를 익힌다.

② 교사가 신체노래를 가르친다.("눈은 여기에 있어요"노래 참조)

③ 아이 두 명을 앞으로 불러내어 한 아이는 모델이 되고 다른 한 아이는 빨간색 벙어리 장갑을 끼게 한다.

④ 반 아이들이 노래를 부르면 그 노래에 따라 모델아이의 신체부위를 가리킨다.

⑤ 교사는 노래에 나온 문장으로 물어보면 이해도를 확인한다.

T: 嘴巴在哪里?

这是什么?

※ 신체부위가 특출나게 보이는 사람 모습을 이용하며 신체를 가리켜도 재미있다.

※ 아동 중 한 명을 선택하여 눕힌 후 다른 아이에게 교사가 중국어로 말하는 신체를 가리키게 한다.

2 — 노 래

(1) 눈은 여기 있어요

♪ 眼~睛在哪里 在这里

鼻子在哪里 鼻子在这里

耳朵在哪里　在这里

嘴~巴在哪里　在这里

※ 외국동요 "머리 어깨 무릎 발"의 리듬에 맞추어 부른다.

※ 얼굴부위를 다 학습하면 신체 각 부분을 넣어 부를 수 있다.

(2) 얼굴엔 뭐가 있어요

#6

脸上 脸上 有什么 有一个 鼻子

脸上 脸上 有什么 有两个耳~朵呢

※ "快走吧" 노래에 맞추어 부른다.

(3) 호키포키

#33

（右手）

大家　右手在里边　右手在外边　右手在里边　用力挥挥手

大家 호키포키　回转一转 快乐地跳跳舞

（左手）

大家　左手在里边　左手在外边　　左手在里边 用力挥挥手

大家 호키포키　回转一转 快乐地跳跳舞

（右脚）

大家　右脚在里边　右脚在外边　右脚在里边　用力动一动

大家 호키포키　回转一转　快乐地跳跳舞

（左脚）

大家　左脚在里边　左脚在外边　左脚在里边　用力动一动

大家 호키포키　回转一转 快乐地跳跳舞

（屁股）

大家　屁股在里边　屁股在外边　屁股在里边　用力动一动

大家 호키포키 回转一转 快乐地跳跳舞

（全身）

大家 全身在里边 全身在外边 全身在里边 用力动一动

大家 호키포키 回转一转 快乐地跳跳舞

※ 노래내용에 맞추어 동작을 크게 한다.

③ ─ 챈 트

肚子饿 咕咕叫 （배가 고파요 꼬르륵 꼬르륵）

嘴巴笑 哈哈笑 （입이 웃어요 하하하하）

眼睛眨 眨吧眨吧 （눈이 깜빡여요 깜빡깜빡）

心脏跳 噗通噗通 （심장이 뛰어요 두근두근）

④ ─ 게 임

(1) 도깨비 그림

활동목표 도깨비와 신체명칭을 다양하게 생각해 본다.

교육적 효과 탐구생활−창의적 사고−다양하게 사고하기

준 비 물 뿔만 달린 도깨비그림, 색연필

활 동 방 법

① 도깨비가 그려진 종이를 나눠준다.

② 교사는 임의대로 중국어로 신체와 그 개수를 말한다.

③ 아이들은 교사가 말한 것을 듣고 개수에 맞추어 그림을 그리거나 스티커를 붙인다.

※ 도깨비를 완성한 후 색칠을 한다.

(2) 听听听 게임

활동목표　신체를 가리키는 여러 가지 내용의 말을 듣고 따른다.

교육적 효과　언어생활-듣기-듣고 따르기

준 비 물　마스크

활동방법

① 아이들과 교사는 귀를 가리키며 '听听听' 소리를 계속한다.

② 교사는 갑자기 신체 한 부분을 이야기하며 다른 곳을 가리킨다.

　　　　T : '听听听', 鼻子。

　　　　S_1: '鼻子'를 가리킨다.

　　　　S_2: '嘴巴'를 가리킨다.

③ 교사가 말한 신체부분을 정확하게 가리키지 않은 아이들에게 마스크를 쓰게

　　하고 계속 게임을 이끌어 간다.

　　　　T : (마스크를 쓰는 모습을 보여주며) 戴口罩。

　　　　S_2: 마스크를 쓴다.

④ 마지막에 남은 아이가 승자가 되고 상으로 스티커를 준다.

(3) 부위별 짝짓기

활동목표　신체와 관련된 다양한 신체활동을 즐기며, 새로운 활동을 시도
한다.

교육적 효과　건강생활-감각·운동과 신체조절-신체활동에 적극적으로 참
여하기

준 비 물　교사는 아이들에게 코와 다른 신체부위를 짝지어 말하고 아이들
은 코를 그 신체부위에 갖다 댄다.

활동방법

① T: 鼻子-胳膊

② S: 코를 팔꿈치에 갖다 댄다.

T: 鼻子-肩膀(코-어깨), 鼻子-膝盖(코-무릎)

鼻子-肚脐(코-배꼽), 鼻子-脚趾(코-발꿈치)

③ 어느 정도 숙달이 되면 손 등 다른 부위끼리 짝지어 본다.

T: 手-头, 手-屁股

07 世 界

주요표현	단 어
•어느 나라 사람인지 묻고 답하기 你是哪国人? 我是韩国人。 你是从哪儿来的? 我是从韩国来的。	韩国, 日本, 中国, 美国 韩国人, 日本人, 中国人, 美国人 韩服, 和服, 旗袍, 牛崽裤 •플래시 카드 (단어카드): 你好!, 안녕하세요, Hi!, おはいお

1 — 이야기 나누기

(1) 어디서 왔니

활동목표 나라에 대한 여러 가지 낱말과 문장을 듣고, 그 뜻을 이해한다.

교육적 효과 언어생활—일상생활에 관련된 낱말과 문장 이해하기

준 비 물 플래시 카드, 종이상자

활동방법

① 교사는 각 나라의 고유의상을 입은 그림들을 종이상자에 넣는다.

② 아이들을 둥글게 모여 앉힌 후, 1~5의 수를 세는 가운데 다섯 번째 아이가

상자에서 아무 카드나 한 장 꺼낸다. 다른 아이들은 함께 질문하고 카드를 뽑은 아이는 적절한 대답을 한다.

S₁: 你是从哪儿来的？

S₂: 我是从韩国来的。

(2) 다같이 인사해요

활동목표　여러 가지 내용의 인사말을 듣고 그대로 따른다.

교육적효과　언어생활 — 듣고 따르기

준 비 물　탬버린, 인사말 카드

활동방법

① 교사는 여러 나라 말로 씌어진 단어카드를 가지고 있다.

② 아이들은 이미 배운 재미있는 노래를 부르면서 자유롭게 돌아다니다가 교사가 탬버린으로 신호를 하면서 단어카드를 함께 보여주면 아이들은 앞에 만나는 사람과 반갑게 그 나라 말로 인사를 한다.

　※ 활동을 마칠 때는 아동들에게 어느 인사말이 중국어인지를 물으며 자연스럽게 중국어에 익숙해질 수 있도록 한다.

2 노 래

〈他是哪国人〉

他是哪国人　他是哪国人

他是美国人　美国 "hello"

他是哪国人　他是哪国人

他是中国人　中国 "你好"

他是哪国人　他是哪国人

#35

他是日本人　日本 "おはいお"(오하이오)

他是哪国人　他是哪国人

他是韩国人　韩国 "안녕"

※ 동요 "꿀밤나무 밑에서"를 변형시켜 부를 수 있다.

※ 노래율동

　· 한 손을 허리에 붙이고 다른 한 손은 검지 하나를 내밀며 흔든다.

　· 총 쏘는 동작 2회 반복한다.

　· 한 손을 허리에 붙이고 다른 한 손은 검지 하나를 내밀며 흔든다.

　· 두 손을 모으고 고개를 끄덕인다.

　· 한 손을 허리에 붙이고 다른 한 손은 검지 하나를 내밀며 흔든다.

　· 손으로 원을 둥글게 그리고 양쪽으로 종종걸음으로 왔다갔다 한다.

　· 한 손을 허리에 붙이고 다른 한 손은 검지 하나를 내밀며 흔든다.

　· 양손의 엄지를 내밀며 흔들다 파이팅처럼 밑으로 내린다.

3 ── 챈 트

韩 韩 韩国

美 美 美国

日 日 日本

中 中 中国

印 印 印度

※ 율동과 함께 한 소절씩 따라서 하고, 두 번째부터는 교사와 아동이 같이 한다.
동작을 크고 정확하게 하여 전신운동의 효과를 기대한다.

① 엄지를 내밀면서

② 펭귄처럼 양손을 허리에 붙이고 성조에 맞추어 올렸다 내린다

③ 엄지와 검지로 동그라미를 그리며

④ 왼팔, 오른팔을 옆으로 펴고 깡충깡충 뛴다

⑤,⑥ 손을 모으고 아래로 내려가다 점프

4 ── 만들기

(1) 옷 입히기

활동목표 여러 가지 자료를 이용하여 만들고 꾸며본다.

교육적 효과 표현생활—표현—만들기와 꾸미기

준 비 물 그림자료, 풀, 가위, 색종이, 신문, 한지, 포장지, 재활용천 등

활 동 방 법

① 그림자료를 복사하여 오린다.

(마닐라지에 그림자료를 붙여서 오리면 튼튼하게 오랫동안 사용할 수 있다.)

② 다 쓴 휴지 속심이나 작은 상자에 인형자료를 붙인다.

※ 색종이, 신문, 한지, 포장지, 재활용천 등 다양한 재료를 이용해서 만들어 볼 수도 있다. 또한 종이를 가위로 오리는 방법 이외에도 찢어서 붙이거나 구겨 붙여서 다양한 느낌이 나도록 시도해 본다.

※ 인형들이 쉴 수 있는 집을 만들어 준다. 블럭이나 빈종이 상자를 활용해서 집을 만들어준다. 인형의 집을 각각 만들기 어려우면 상자를 이어 붙여 모두 함께 지낼 수 있는 집을 만든다.

※ 확장활동: 여러 나라 친구들과 인사 나누기

① 인형자료를 가지고 각 나라말로 인사해 본다.

② 교사는 아이들에게 다음의 인사말을 알려주고 따라 해보게 한다.

일본 - 오하이오

중국 - 니하오

인도 - 나마스테

(2) 세계지도 꾸미기

활동목표 다양한 소재를 창의적으로 활용하여 조형활동을 한다.

교육적 효과 표현생활—표현—다양한 소재를 활용하여 조형 활동하기

준 비 물 파랑색 나무색판, 풀, 하드보드지, 세계 여러 나라 사람 사진, 스티로폼

활동방법

① 세계 여러 나라 사람들에 대해 이야기를 나눈다.

② 생김새와 특징 등 서로 다른 점을 살펴본다.

③ 각 나라의 사람을 구분하여 각 나라에 알맞게 붙여본다.

5 — 게 임

공 전달하기

활동목표 다양한 언어놀이를 즐긴다.

교육적 효과 언어생활—글자로 놀이하기

준 비 물 카세트, 생동감 있는 음악(他是哪国人), 작은 공, 전통의상 그림이 그려진 목걸이

활동방법

① 아이들을 둥글게 바닥에 앉힌다. 전통의상 그림이 그려 있는 목걸이를 하나씩 선택하여 걸고 난 후, 공을 한 아이에게 준다.

② 음악을 틀고(또는 노래를 불러도 됨) 아이들에게 공을 옆 사람에게 전달하도록 한다.

③ 음악을 갑자기 멈추고 "停"이라고 말하면 공을 전달하는 것을 멈추어야 한다.

④ 공을 가지고 있는 아이(카우보이 복장 그림의 목걸이를 한 아이)에게 모두가 "你是哪国人?"라고 말하면, 공을 가지고 있는 아이는 "我是美国人"라고 대답한다.

⑤ 대답이 맞으면 음악을 다시 틀고 공을 옆으로 전달하기를 계속한다.

⑥ 이런 방식으로 3~4회 정도 더 한다. 대답이 틀릴 경우에는 재미있는 벌칙을 정해서 주도록 한다.

※ 연습시키고자 하는 모든 표현과 지시사항을 전해줄 수도 있다.

　　(예) 표현: 我叫OO, 我6岁, 색깔, 동물 등

　　　지시사항: 摸你的眼睛, 拍你的膝盖

※ 아동들은 음악이 나오는 동안 둘러서서 옆 사람에게 공을 전달한다. 음악이 멈추면 아동들은 주요 중국어표현을 연습한다.

※ 아동들이 배운 단어들의 그림을 상자나 가방에 넣는다. 음악이 나오는 동안 그 상자나 가방을 전달한다. 음악이 멈추면 거기서 그림을 하나 꺼내서 그것이 무엇인지 말하게 한다.　(예) '水果', '动物', 그 외 명사들

제5장

어린이 중국어 수업

어린이 중국어 수업설계안 예시

1 — 어린이 중국어 수업 설계안 1

단원명	바닷속 친구들
학습주제	바다동물 명칭알기
학습목표	바다와 관련된 여러 가지 낱말과 문장을 듣고, 그 뜻을 이해한다.
연령 및 대상	6,7세 어린이
중심문장 및 단어	这是什么?, 你有几个OO? / 章鱼, 鲸鱼, 螃蟹
교실용어	对 / 站起来 / 准备好了吗? / 请坐 / 一二三四
칭찬용어	好 / 唱得不错
준비교구	게임판(낚시게임)
인사 및 안부	T: 大家好! S: 老师好! T: 친구들 오랜만이죠? 우리 얼마만이죠?

(2분)	S: 일주일만이요. T: 对, 一个星期. 우리가 지난주 목요일에 만났으니까 　 今天星期几? (손가락을 같이 세면서) 好, 一, 二, 三, 四. S: 목요일이요~ T: 对, 今天星期四. 好, 大家过得怎么样? ※ (구체적으로 물어본다) "看电影了吗?"식으로 물어본다. T: 다들 재밌게 지냈구나. 好!
도 입 (3분)	T: 우리친구들 부모님 따라 수산시장에 가본 친구 있어요? 　 생선도 많고 맛있는 회도 먹고. 가본친구? S: 저요!저요! T: 거기에 무엇이 있었지? 　 고등어요. 게요. 미꾸라지요. 등등. 　 그래요, 오늘은 선생님하고 바닷속에 사는 친구들을 만나보기로 해요.
전 개 (10분)	T: 자~ 这是什么? S: 문어요! T: 对. 这是章鱼. 문어는 章鱼라고 해요. 　 (몸과 두손을 옆으로 흐느적 거리면서)章章 章鱼. T: 这是什么? S: 고래요! T: 对. 这是鲸鱼. 고래는 鲸鱼라고 해요. 고래는 등 위에 있는 구멍으로 숨을 쉬지. 　 그래서 바다 위로 나오면 그 구멍에서 물이 분수처럼 쏟아지죠. 이렇게요. 　 (몸을 움츠렸다가 위로 뻗으면서 입으로 "푸"소리를 낸다) 鲸鲸鲸鱼. T: 这是什么? T: 게요! S: 对. 很好. 这是螃蟹. 게는 螃蟹라고 한대요. 　 (양손을 옆구리쪽으로 모은 후 게처럼 걷는 모습을 한다) 螃螃螃蟹. T: 说得很好. 　 그럼 우리 바다친구들 이름도 알았는데 선생님이랑 노래하나 배워보자. 여러분 　 들 "곰 세 마리" 노래 다 알죠? 선생님이 먼저 해볼테니 잘 보세요. ◎ 노　래 ♬ 有三个朋友住在海里 章鱼 鲸鱼 螃~蟹 　 章鱼游得这样子 　 鲸鱼游得这样子 　 螃蟹走得这样子 样子都非常可爱呀

	어때요? 쉽죠? 여러분도 할 수 있겠죠? 자! 우리 같이 해봐요. 站起来. 一, 二, 三, 四! (노래반복) T: 唱得不错. 请坐! 여러분들 엄마아빠가 낚시하시는 거 봤던 친구있어요? (고기잡는 시늉을 하면서 중국어를 알려준다) 钓鱼. 오늘은 우리친구들이 낚시를 직접 해볼 거예요.
응 용 (8분)	◎ 게　임 T: 선생님이 어항을 하나 가져 왔어요. 이 낚시대로 30초 동안 가장 많이 잡은 친구가 　1등이 되는 거예요. 우리친구들 중 네 명만 나와 볼까? 　好, 准备好了吗? 开~始!! 　时间到了. 　자 우리 다같이 친구들이 잡은 것을 세어볼까요? 　• 어항 속에는 위에서 배운 "章鱼, 鲸鱼, 螃蟹"를 여러 마리 넣어둔다 　• 게임이 끝난 후 중국어로 숫자와 명사를 연결시켜서 센다. 　• 마지막으로 아이들에게 물어본다. T: 00有几个章鱼? 　와 00친구가 가장 많이 잡았어요. (박수를 쳐준다)
마 무 리 (3분)	T: 친구들 오늘 선생님하고 바다친구들 만났지요? S: 네! T: 그럼 다음주에는 더 재미있는 내용을 배우기로 하고 우리 아까 수업할 때 배웠던 　바다친구들 노래 한번 하고 수업끝내요. 　好, 大家站起来!! 一, 二, 三, 四! 　우리친구들 다음 시간에 만나요! 　再见. S: 再见.

② — 어린이 중국어 수업설계안 2

단원명	동물친구와 인사해요
학습주제	'푸우'의 친구들과 인사해요.
학습목표	1. 기초적인 동물이름을 중국어로 말할 수 있다. 2. 여러 가지 내용의 말을 듣고 따른다.
일시 및 장소	○○월 ○○일 어린이 중국어 지도사 과정 모의수업
대상연령	6세 어린이
중심단어 및 문장	小熊, 猪, 老虎, 驴子／打招呼, 握手, 拥抱
교실용어	大家站起来／请坐／准备好了吗？／他们做什么？／你是什么动物？
칭찬용어	唱得很好听／很好／非常好／对／你做得很好
준비교구	인사동작그림, 동물가면

도입 (5분)	인사 (2분)	T: 朋友们, 大家好! S: 老师好! T: 자~ 우리 친구들 선생님이랑 "你好" 노래 먼저 불러봐요~ 　　大家准备好了吗? S: 准备好了. T: 一, 二, 三, 四! 　　(다같이 노래한다) 　♬　你好 你好 你们好 你好 你好 老师好 　　　你好朋友 你好老师 你好 你好 大家好 T: 你们唱得很好听.
	날씨 확인 (3분)	T: 오늘 날씨가 어때요? 今天天气怎么样? S: 좋아요~, 추워요~, 바람불어요~ T: 그래요~ 오늘 막 바람불고 춥죠? 　　(손동작 바람부는 모양) 휘~익 바람이 불다 "刮风" 　　따라해 봐요~ "刮风" S: 刮风(두세 번 반복) T: 很好. 자 그럼 전에 "下雪 下雪 冷冷冷冷" 배운거 기억나요? 　　뭐였더라, 그렇지! 　　(두 손을 위에서 아래방향으로 흔들면서 내린다)

	날씨 확인 (3분)	우리 한번 불러보자. "下雪~~冷" 오늘은 바람불어서 춥다네요. 그럼 어떻게 할까? S: 刮风, 冷冷冷冷 T: 对! 我们再来一次. 大家准备好了吗? S: 准备好了. T: 今天天气怎么样? ◎ 챈 트 (다같이 참여한다) 　　刮~风 刮~风 (두 손을 움직이며 바람부는 모습) 　　冷, 冷, 冷 (몸을 움츠리는 모습) 　　穿大衣 穿大衣 穿大衣 (외투를 입는 모습) 　　哈, 哈, 哈　(입김을 호호 부는 모습) (시간여유가 있을 경우-창의적 반복실행) 　　刮~风 刮~风 　　冷, 冷, 冷 (소리내지 않고 동작만) 　　穿大衣 穿大衣 穿大衣 　　哈, 哈, 哈(소리내지 않고 동작만) T: 非常好!
전개	그림 보면서 동물 이름과 동작 익히기 (7분)	T: 우리 친구들은 인사할 때 어떻게 해요? 　　오늘 '푸우'의 친구들이 우리 친구들이랑 같이 인사하고 싶대요. 　　한번 만나볼까요? (그림을 꺼낸다) 　　这里有小熊, 猪, 老虎, 驴子. 　　他们做什么? 　　　※ 더 생동감있게 하려면 '푸우'에 나오는 동물 이름들을 말한다. 　　维尼, 小猪, 依暗, 跳跳虎 S: 인사하고 있어요~ T: 그래요~ 打招呼. 　　선생님 따라 해 봐요~ 打招呼. S: 打招呼. T: 그럼 친구한테 어떻게 인사할까? 옆에 친구 보면서 "你好!" 　　(두 번 더 반복) T: 他们做什么?(다른 그림) S: 손잡고 있어요~, 악수하고 있어요~ T: 그래요~ 악수하고 있는 그림이에요~

전개 **(15분)**		(악수하는 시늉을 하며) 握手. S: 握手. T: (앞의 아이에게 손을 내밀면서 말한다) 握手, 跟朋友握手! 　　이번에는 왼쪽 친구와, 이번에는 오른쪽 친구와, 같이 해봐요. 握手! 　　(두 번 더 반복) T: 他们做什么? S: 안아요~ T: 그래요~ (안는 모습을 하며)拥抱. S: 拥抱. T: (앞의 아이를 안아주며) 拥抱朋友. 　　(두 번 더 반복)
	게임 **(5분)**	◎ 对不对 게임 T: 자 이번엔 우리 친구들 선생님과 '对不对게임' 해봐요. 　　这是老虎. 对不对?, 1, 2, 3! (동물이름으로) 　　他们拥抱. 对不对?, 1, 2, 3! (인사동작으로) S: 对对对, 또는 不对 不对 不对. T: 你做得很好.
	가면 **쓰고 동물** **이름 확인** **(3분)**	T: 자 이번엔 선생님이 우리친구들한테 가면을 하나씩 줄 거예요~ 　　짜잔~ 자 여러분이 쓰고 싶은 거 고르세요. 　　자 가면을 쓰세요~ 풍선을 받은 친구는 자기가 어떤 동물인지 말해 보세요~ T: 你是谁? S₁: 我是○○.(돌아가면서) 　　 你是谁? S₂: 我是○○. T: 你们做得真好.
응용 **(5분)**	**停一下** **게임** **(5분)**	T: 자 우리친구들 전에 배운 "两只老虎" 기억하고 있어요? 　　한번 불러볼까요? 大家准备好了吗? S: 准备好了. T: 一二三四! ◎ 노래(율동과 함께)

		♪ 两只老虎 两只老虎 跑得快 跑得快
		一只没有耳朵 一只没有尾巴 真奇怪 真奇怪
		T: 你们唱得很好听。
		자 그러면 이번엔 노래를 부르면서 춤추다가 중간에 선생님이 "停一下"라고 말
		하면 멈춰서 선생님이 말하는 것을 하는 거예요. 잘 듣고 해보세요.
		大家站起来。 大家准备好了吗?
		S: 准备好了。
		T/S: 两只老虎 两只老虎(停一下! 跟朋友握手)
		跑得快 跑得快
		一只没有(停一下! 拥抱朋友)
		耳朵, 一只没有尾巴(停一下! 跟朋友打招呼)
		真奇怪, 真奇怪(반복)
마무리 (3분)	아동들과 평가 및 인사 (3분)	T: 你们做得很好, 请坐。 오늘 선생님과 중국어 수업 어땠어요? 어떤 게 재밌었고 어떤게 어려웠는지 말해줄 친구~ 举手. S: 노래 재밌어요. T: 자 그러면 우리 친구들 선생님이랑 같이 '再见'노래 부르고 마칠 게요~ 大家准备 好了吗? S: 准备好了。 ♪ 我们都再见~ 我们都再见~ 我们都明天见~ 老师再见~ 朋友再见~ T: 小朋友们再见! S: 老师再见!

02 　어린이 중국어 어휘정리

1　도형(形状)

구형	球体(qiútǐ)
마름모형	菱形(língxíng)
별형	星形(xīngxíng)
사각형	正方形(zhèngfāngxíng)
삼각형	三角形(sānjiǎoxíng)
원	圆形(yuánxíng)
원통	圆柱体(yuánzhùtǐ)
입체형	立方体(lìfāngtǐ)
직사각형	长方形(chángfāngxíng)
타원형	椭圆形(tuǒyuánxíng)
하트형	心形(xīnxíng)

2　놀이터(游戏场)

구름사다리	攀爬架(pānpájià)
그네(를 타다)	(荡)秋千(dàng qiūqiān)
모래	沙(shā)
미끄럼틀	滑梯(huátī)
뺑뺑이	旋转台(xuánzhuǎntái)
삽	小铲(xiǎochǎn)
시소	跷跷板(qiāoqiāobǎn)
작은 통	小桶(xiǎotǒng)

3　학용품(文具)

가위	剪刀(jiǎndāo)

볼펜	圆珠笔(yuánzhūbǐ)
연필	铅笔(qiānbǐ)
자	尺(chǐ)
종이	纸(zhǐ)
지우개	橡皮擦(xiàngpícā)
책가방	书包(shūbaō)
크레용	蜡笔(làbǐ)
테이프	胶带(jiāodài)
풀	浆糊((jiānghú)
필통	铅笔盒(qiānbǐhé)
호치키스	订书机(dìngshūjī)

4 야채(蔬菜)

가지	茄子(qiézi)
감자	土豆(tǔdòu)
고구마	马铃薯(mǎlíngshǔ)
당근	胡萝卜(húluóbó)
무	萝卜(luóbó)
배추	大白菜(dàbáicài)
상추	生菜(shēngcài)
시금치	菠菜(bōcài)
양배추	洋白菜(yángbáicài)
양파	洋葱(yángcōng)
연근	藕(ǒu)
오이	黄瓜(huángguā)
토마토	西红柿(xīhóngshì)

5 음료와 간식(饮料和零食)

고구마칩	薯片(shǔpiàn)
껌	口香糖(kǒuxiāngtáng) - 씹다 嚼(jiáo)

땅콩	花生(huāshēng)
빵	面包(miànbāo)
사탕	糖果(tángguǒ)
스프라이트	雪碧(xuěbì)
아이스크림	冰淇淋(bīngqílín)
야구르트	酸奶(suānnǎi)
얼음	冰块(bīngkuài)
오렌지쥬스	橙汁(chéngzhī)
우유	牛奶(niúnǎi)
주스	果汁(guǒzhī)
초콜릿	巧克力(qiǎokèlì)
커피	咖啡(kāfēi)
팝콘	玉米花(yùmǐhuā)
프렌치프라이드	薯条(shǔtiáo)
피자	比萨(bǐsā)
햄버거	汉堡包(hànbǎobāo)

6 욕실(浴室)

거울(을 보다)	(照)镜子(zhào jìngzi)
변기	马桶(mǎtǒng)
비누	香皂(xiāngzào)
샴푸	洗发水(xǐfàshuǐ)
세면대	洗脸架(xǐliǎnjià)
수건	毛巾(máojīn)
수도꼭지	水龙头(shuǐlóngtóu)
욕조	浴缸(yùgāng)
치약	牙膏(yágāo)
칫솔	牙刷(yáshuā)
화장지	卫生纸(wèishēngzhǐ)

7 **부엌**(厨房)

가스	煤气(méiqì)
냉장고	电冰箱(diànbīngxiāng)
밥그릇	碗(wǎn)
세탁기	洗衣机(xǐyījī)
숟가락	汤匙(tāngchí)
식탁	餐桌(cānzhuō)
의자	椅子(yǐzi)
쟁반	盘子(pánzi)
전기밥솥	电饭锅(diànfànguō)
전자레인지	微波炉(wēibōlú)
젓가락	筷子(kuàizi)
칼	刀(dāo)
포크	叉子(chāzi)

8 **직업**(职业)

간호사	护士(hùshi)
경찰	警察(jǐngchá)
군인	军人(jūnrén)
배우	演员(yǎnyuán)
변호사	律师(lǜshī)
비행사	飞行员(fēixíngyuán)
소방대원	消防员(xiāofángyuán)
집배원	邮递员(yóudìyuán)
운전기사	司机(sījī)
의사	医生(yīshēng)
미화원	清洁工(qīngjiégōng)
판매원	售货员(shòuhuòyuán)

9 운동(运动)

농구	篮球(lánqiú)
달리기	跑步(pǎobù)
수영	游泳(yóuyǒng)
스케이트	溜冰(liūbīng)
야구	棒球(bàngqiú)
축구	足球(zúqiú)
탁구	乒乓球(pīngpāngqiú)
태권도	跆拳道(tàiquándào)
테니스	网球(wǎngqiú)

10 악기(樂器)

기타	吉他(jítā) - **치다** 弹(tán)
바이올린	小提琴(xiǎotíqín) - **켜다** 拉(lā)
북	鼓(gǔ)
심벌즈	钹(bó)
트럼펫	小号(xiǎohào)
피아노	钢琴(gāngqín) - **치다** 弹(tán)
하모니카	口琴(kǒuqín) - **불다** 吹(chuī)

11 동물(动物)

곰	熊(xióng)
낙타	骆驼(luòtuó)
다람쥐	松鼠(sōngshǔ)
사슴	鹿(lù)
사자	狮子(shīzi)
얼룩말	斑马(bānmǎ)
원숭이	猴子(hóuzi)
캥거루	袋鼠(dàishǔ)

코끼리	大象(dàxiàng)
판다	熊猫(xióngmāo)
표범	豹(bào)
호랑이	老虎(lǎohū)

12 해양동물 (海洋动物)

거북이	海龟(hǎiguī)
게	螃蟹(pángxiè)
고래	鲸(jīng)
돌고래	海豚(hǎitún)
문어	章鱼(zhāngyú)
미꾸라지	泥鳅鱼(níqiūyú)
상어	沙鱼(shāyú)
새우	虾(xiā)
장어	鳗鱼(mányú)
큰새우	龙虾(lóngxiā)
해파리	海蜇(hǎizhé)

13 곤충과 새 (虫子和鸟)

개미	蚂蚁(mǎyǐ)
기러기	鸥(ōu)
꿀벌	蜜蜂(mìfēng)
나비	蝴蝶(húdié)
모기	蚊子(wénzi)
무당벌레	瓢虫(piáochóng)
바퀴	蟑螂(zhānglang)
백조	天鹅(tiān'é)
비둘기	鸽子(gēzi)
잠자리	蜻蜓(qīngtíng)
제비	燕子(yànzi)

지렁이	蚯蚓(qiūyǐn)
참새	麻雀(máquè)
파리	苍蝇(cāngying)

※바퀴벌레는 유충이라 함

14 군대(军队)

낙하산	降落伞(jiàngluòsǎn)
잠수정	潜水艇(qiánshuǐtǐng)
전투기	战斗机(zhàndǒujī)
전투함	战舰(zhànjiàn)
지프차	吉普车(jípǔchē)
총	枪(qiāng)
탱크	坦克(tǎnkè)

15 캐릭터(卡通人物)

가필드	加菲猫 (jiāfēimāo)
닌자거북	忍者神鬼(rěnzhěshénguǐ)
드래곤볼	龙珠(lóngzhū)
바비(인형)	芭比(bābǐ)
배트맨	蝙蝠侠(biānfúxiá)
스누피	史努比(shǐnǔbǐ)
스파이더맨	蜘蛛侠(zhīzhūxiá)
심슨가족	辛普森(xīnpǔsēn)
엽기토끼	流氓兔(liúmángtù)
이욜	依暗(yī'àn)
짱구	蜡笔小新(làbǐxiǎoxīn)
텔레토비	天线宝宝(tiānxiànbǎobǎo)
토머스(기차)	汤玛士(tāngmǎtǔ)
톰과 제리	汤姆 杰端(tāngmǔ jiéduān)
티거	跳跳虎(tiàotiàohū)

포켓몬스터	宠物小精灵(chǒngwùxiǎojīnglíng)
푸우	小熊维尼(xiǎoxióngwéiní)
피그랫	小猪(xiǎozhū)
피노키오	皮诺曹(pínuòcáo)
피카추	皮卡丘(píkǎqiū)
피터 래빗	彼得兔(bǐdétù)
해리포터	哈利波特(hālìbōtè)
호빵맨	面包超人(miànbāochāorén)

16 장난감(玩具)

블록쌓기	积木(jīmù)
인형	木偶(mùǒu)
퍼즐	拼图(pīntú)
풍선(을 불다)	(吹)气球(chuī qìqiú)

03 교 실 용 어

중국어 수업시간 중에 고려해야 할 점은 한번에 너무 많은 중국어 표현을 가르치지 않아야 하며, 교사가 사용한 중국어를 모두 바로 번역해 주어서는 안 된다. 왜냐하면 아동들은 교사가 중국어로 지시한 후 곧 번역해 준다는 것을 알면 중국어 지시에 주의를 기울이지 않을 수 있기 때문이다. 그럼 언제, 어떻게, 중국어를 사용해야 하는가?

첫째, 수업시간 중 자주 반복되는 지시, 질문, 평가어는 모두 중국어로 말한다. 특히 인사, 간단한 평가어는 중국어 첫시간부터 사용할 수 있다.

둘째, 중국어와 모국어 사용시점은 수업계획을 짤 때 구체적으로 정하는 것이 좋다. 교수설계시 반복되는 주요문장을 파악하며 집중적으로 사용한다.

셋째, 중국어를 사용할 때 그 언어내용에 해당하는 그림이나 행위, 손동작 등 반복 사용을 통해 아동의 이해를 돕는다.

(1) 지시어의 사용

지시어는 동작에서 그 의미가 분명히 나타나기 때문에 아동들이 이해하고 배우기도 쉽다. 수업시간에 반복적으로 사용될 수 있는 지시어는 세 가지 정도로 정하여 계획적·반복적으로 사용하며 나머지 지시어들은 한국어로 한다. 지시어를 선택할 때 같은 사물에 한번에 너무 많은 지시어를 사용하면 아동들이 혼동하거나 이해하기 쉽지 않으므로, 서로 관련 없는 사물이나 행동을 고르는 것이 좋다. 또한 선택한 지시어들은 처음 사용하는 시점에서 상황적 맥락과 연결시키면 아동들은 자연스럽게 지시어들을 듣고 행동으로 옮길 수 있다. 이 때 교사는 TPR을 이용하여 아동들에게 인지시킨다.

> 예 请站起来 → 拿出笔来 → 到前面来

아동들이 하나의 표현을 듣고 이해하면 새로운 표현을 도입한다. 이 때 새로 도입하는 지시어를 이전의 것과 연결시켜 일련의 행동으로 지시한다.

> 예 看图 → 划圈 → 选一个

또한,"请", "谢谢", "好" 등을 가능한 한 자주 사용하여 아동들에게 표현의 사용방법을 가르치는 것이 중요하다. "请"은 지시어와 함께 사용하여 공손한 표현을 익히게 되고, 아동들이 지시받은 해당행위를 제대로 하면 "谢谢" 또는 "好"를 자주 말하여, 아동들이 의미를 정확히 받아들일 수 있도록 도와준다.

(2) 평가어의 사용

교사는 아동의 과제수행이 어떠했는지 평가를 해주어야 한다. 같은 내용의 평가어라도 점차 표현을 달리하여 그 말이 칭찬의 뜻임을 자연스럽게 알게 해주어야 하고, 잘못을 지적 할 경우에는 "错了(틀렸어)"라는 강한 어조보다는 "不对, 再试一试(아니야, 다시 해봐)"처럼 조금 완화된 표현을 사용하여 아동들의 긴장감을 풀어주는 것이 바람직하다.

(3) 이해도 관찰

① 만일 교사의 지시를 제대로 이해하지 못하는 아동이 있으면 바로 그 지시를 번역해 주지 말고 해당 지시어를 그대로 다시 한번 천천히 말해주거나 손동작 또는 시범을 통하여 의미를 일깨워준다. 교사가 아동을 데리고 지시에 해당되는 동작을 취할 수도 있다.

② 교사는 아동에게 교사의 지시에 따라 행동을 어떻게 실행에 옮길지 판단의 시간을 제공해준다. 아동들은 교사가 지시를 하면 가장 먼저 반응한 아동을 보며 따라 할 수 있으므로, 지시를 내린 후 아동들이 말하거나 행동할 때까지 기다린다. 또한 교사는 제대로 반응을 나타낸 아동이 있으면 다른 아동에게 그 지시가 무엇이었는지 한국어로 물어볼 수 있다.

(4) 이해를 도울 수 있는 방법

새로운 교실 중국어 표현을 가르칠 때에는 상황적 맥락에서 가르친다. 아동들에게 각각의 표현의미를 명확히 알 수 있도록 여러 차례 연습시키고, 그들의 반응을 살핀 후 이해가 부족하면 손동작이나 시범을 사용하고 아동들이 중국어 지시어를 충분히 이해하였다고 판단될 때는 손동작(몸짓)이나 시범 없이 그 표현을 사용한다.

① 상황적 맥락제공
인사를 해야 하는 상황에서 "你好", "再见"과 같은 중국어 인사는 한국어 번역 없이도 듣고 바로 이해할 수 있다.

② 손동작과 몸짓

지시어의 대부분은 그 의미를 손동작이나 행동으로 명확하게 나타낼 수 있다.

> 예 坐下, 站起来, 安静, 听, 看

③ 시범

교사는 중국어를 말하면서 직접 시범을 보인 후 아동들에게 똑같이 하라고 요구한다.

> 예 到前面来
>
> 拿出蜡笔来

(5) 교실용어 예제

① 수업시작

你们早／你们好!(여러분 안녕하세요)

请坐(앉으세요)

拿出书／笔／蜡笔来(책/연필/크레파스를 꺼내세요)

翻到第0页(몇 페이지를 펴세요)

② 수업시간 중 설명할 때

听(들어보자)

注意听(주의해서 들어봅시다)

听老师的发音(선생님의 발음을 들어보세요)

跟我读(나를 따라 읽어보세요)

再说一遍(한 번 더 말해봐요)

说慢一点(천천히 말해봐요)

说大声一点(좀더 크게 말해봐요)

说汉语(중국어로 말해요)

这是第几声？(이것은 몇성이죠?)

③ 수업 중의 여러 행위

画一个00(00을 그리세요)

划一个线(선을 그으세요)

划一个圈(동그라미를 치세요)

贴在这儿(여기에다 붙이세요)

开始(시작)

举手(손드세요)

停一下(그만)

懂了吗？(이해했니?)

不懂的朋友举手(이해하지 못한 친구들은 손을 들어보세요)

00到这里来 (00야, 이리로 와봐)

快点(빨리)

回到你的位置(자기 자리로 돌아가세요)

小心(조심해)

④ 게임과 노래를 할 때

现在开始玩游戏(지금부터 게임을 해봅시다)

分成两组(두 조로 나누세요)

猜猜看(추측해보자)

这是什么？(이건 뭐니?)

轮到谁了？(누구차례지?)

轮到你(네 차례구나)

这一组赢了/输了(이 조가 이겼어요/졌어요)

女朋友们在右边(左边)(여자친구들은 오른쪽에)

最快的小组赢了(가장 빠른조가 이기는 거예요)

闭上眼睛(눈을 감으세요)

睁开眼睛(눈을 뜨세요)

排队(줄을 서봐요)

我有卡片(카드가 있어요)

現在我混杂卡片(지금 내가 카드를 섞습니다)

然后我挑一张(그런다음 내가 한 장을 고를 게요)

坐成一个圈(둥글게 앉으세요)

两个朋友一组(두 명이 한 조에요)

⑤ **평가할 때**

对吗?(맞아요?)

对／不对(맞아요 / 틀려요)

非常好／很好／做得好(참 잘했어요)

好／不错／对(좋아요)

差不多, 再来一次(거의 비슷하네, 다시 한번 해봐요)

04 교 구 제 작 법

1 그림자료

(1) 그림자료 제작시 유의점

- 정해진 시간의 길이를 고려하여 제시할 그림자료의 수를 결정한다.
- 대집단, 소집단 등 그룹 크기에 따라 아동들이 충분히 볼 수 있는 크기의 자료를 제시한다.
- 사물을 비교하거나 대조를 해야 하는 상황을 제외하고 한 번에 한 장의 그림자료만 제시한다.
- 자료를 코팅하거나 비닐을 씌운 경우에는 빛이 반사되어 정확한 그림을 제시할 수 없으므로 유의한다.

• 아동들에게 제시하는 그림은 만화식 캐리커처 보다는 실물을 준비하여 보여주는 것이 가장 좋다.

> ※ 그림자료는 한번에 한 장씩 제시하는 단일매체적 성격을 가지고 있으므로, 여러 자료에서 수집하여 활용할 때에는 전체적인 일관성을 띠기 어렵다.
>
> 예 동물을 주제로 그림자료를 수집할 경우 여러 잡지에서 그림과 사진을 한 장씩 수집하였을 때, 각 동물들의 크기나, 자세, 색깔 등의 기준이 다르므로 호랑이나 토끼가 같은 크기로 나타나는 등 개념상의 혼란을 가져 올 수 있다.

(2) 그림 자료의 실제 응용

〈따르릉~ 전화 왔어요〉

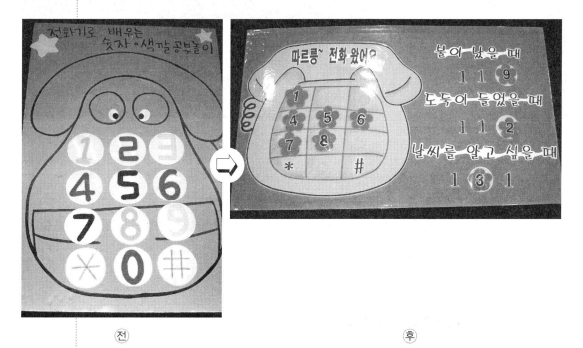

㉠ (전)   ㉡ (후)

• 보관하기에 교구의 크기가 너무 크다. 크기를 40×30cm 정도로 만든다.
• 전화기의 숫자가 고정되어 있는 것보다는 떼고 붙일 수 있도록 제작하면 활동이 끝난 후 아동들이 직접 전화기의 숫자를 붙여볼수 있다.
• I 수준에서는 아동들이 전화기의 숫자를 붙여보고 간단한 전화번호를 알아

보는 활동을 할 수 있다.

　　🅔 경찰서, 소방서⋯⋯

• Ⅱ수준에서는 자기집 전화번호를 붙여보는 활동으로 확장 할 수 있다.

〈빙고〉

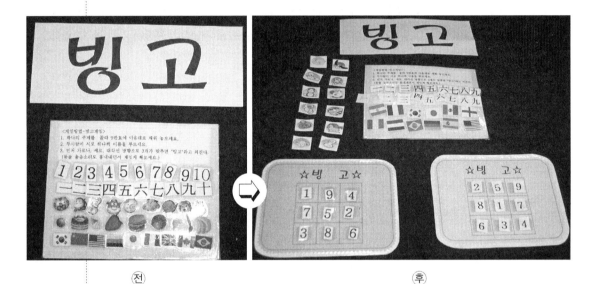

㉑　　　　　　　　　　　　　　　　　　　　㉔

• 빙고를 시작할 때 주제에 맞는 그림을 두 개씩 준비해 준다.

• 그림판의 뒷면을 이용하는 것보다는 빙고판을 따로 준비해 준다.

• 두 명의 아동은 빙고판을 사용하고 한 명의 아동은 그림의 이름을 말해 준다. 이름을 같이 적어 준비해 준다.

〈세계 여러 나라 의상〉

• 전통의상을 주제로 하여 여러 나라의 옷을 만들어 그 나라 전통옷의 특징을 알 수 있다.

　　🅔 한국, 미국, 일본⋯⋯

• 기본생활 습관이라는 주제에 맞게 아동들이 혼자 스스로 옷을 입는 순서를

알아보고 순서에 맞게 옷을 입혀볼 수 있는 활동으로 확장할 수 있다.

전   후

〈인사해요〉

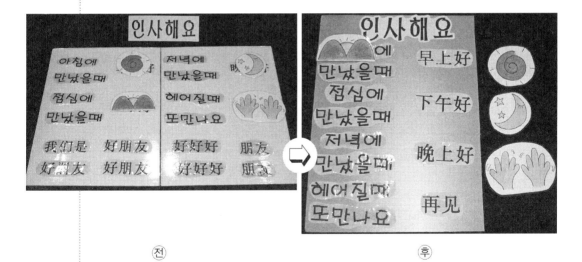

전   후

- Ⅰ수준의 아동들에게는 글로만 되어있는 노랫말보다는 그림으로 되어있는 노랫말을 준비한다.
- 새로운 노래를 배울 때마다 노랫말을 새로 준비하는 것보다는 스케치북을 이용하여 노랫말 책을 만들어 사용하면 더욱 편리하다.

〈오늘의 날씨〉

㉓ 전   ㉔ 후

- Ⅰ수준에서는 간단한 날씨만 준비하고 Ⅱ수준에서는 생각을 더 깊게 할 수 있도록 느낌까지 표현할수 있도록 한다.
- 수업을 시작하기 전 오늘의 날짜와 날씨를 물어볼 때 사용할 수 있다.

〈누구 일까요〉

- '직업'이란 주제를 이용하여 소그룹 활동으로 활용할 수 있다.
- 아동들에게 점차 크기가 커지는 구멍(3단계로 설정)으로 보이는 그림을 통해 누구일지 생각을 해보는 시간을 갖는다.
- 숫자를 이해하지 못하는 아동들을 위해 숫자의 수만큼 개수를 함께 표시해 준다.

〈우리 가족〉

- 주인공을 막대로 이동하여 움직이는 것보다는 칼집을 이용하여 주인공이 윗층과 아래층을 이동할 수 있도록 제작하면 더욱 자연스럽다.
- 여러 가족들을 첨가하면 수업을 할 때 가족이나 핵가족을 설명할 수 있다.
  예) 할아버지, 할머니, 이모, 삼촌……

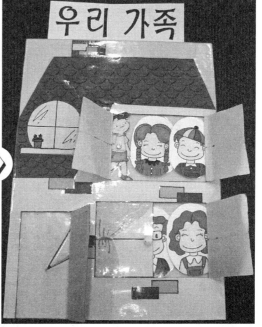

⟨전⟩   ⟨후⟩

〈누가 숨어 있을까?〉

전   후

- 동물을 낱장으로 한 가지씩 제시하는 것보다는 한 장의 배경판을 이용하여 숨어있는 동물들을 찾아보게 하는 활동이 더욱 좋다.
- 등장인물의 주인공을 손으로 잡고 이동하는 것보다 눈에 잘 띄지 않는 아크릴막대를 등장인물 뒷면에 붙여 이동하는 것이 아동의 흥미를 끌 수 있다.

〈과일속이 궁금해요〉

전   후

- '과일'을 주제로 하여 과일의 겉과 속의 모습을 관찰해 보는 활동으로 활용할 수 있다.
- 되도록 겉과 속의 색깔이 다른 과일을 선택하여 제작한다.
- 과일을 실제로 잘라보는 것처럼 칼을 제작하거나 장난감 칼을 사용하면 아동들의 흥미를 끌 수 있다.
- 수박을 손으로 그냥 잡아서 자르기보다는 핀을 이용하여 과일이 잘라지는 모습을 흉내내며 잘라지는 모습을 흉내내고, 또한 보관할 때 과일의 짝이 붙어 있어 없어질 위험이 없다.

〈동물 이름 맞추기〉

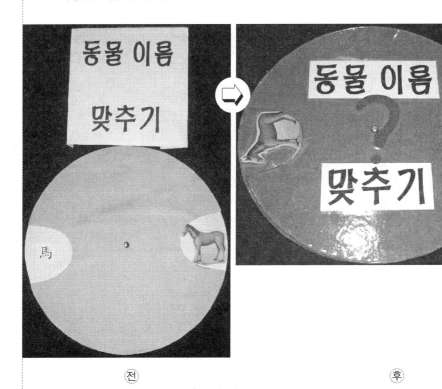

전　　　　　　　　　　　　　　　　　　　　후

- 우드락은 사용하기에 가볍지만 튼튼하지가 못하다.
- 하드보드지나 포맥스판을 이용하면 튼튼하고 오래 사용할 수 있다.
- 돌림판 윗판과 아래판 사이에 스폰지와 같은 것을 사용하여 공간을 두고 돌

리면 자연스럽게 움직인다.

〈빨간 망토〉

- 동화의 그림이 흑백일 경우 아동들의 흥미와 집중력을 높일 수 없다.
- 그림의 색채가 단색이고 복잡하지 않아야 한다.
- 동화의 내용은 동화를 들려주는 교사가 잘 볼 수 있도록 그림 뒷면에 적어둔다.
- Ⅱ수준에서는 동화 장면마다 번호를 붙일 수 있도록 제작하여 동화의 순서를 맞춰보는 확장 활동으로 이어질 수 있도록 한다.

㉠ 전   ㉡ 후

〈손가락 이야기〉
- 동화를 들려줄 때 유아들의 집중력을 높일 수 있도록 평면적인 동화를 들려주는 것보다는 입체적으로 동화를 들려주는 것이 좋다.
- 동화를 들려줄 때 음향효과나 등장인물의 목소리를 다르게 소리내면 더욱 효과적이다.

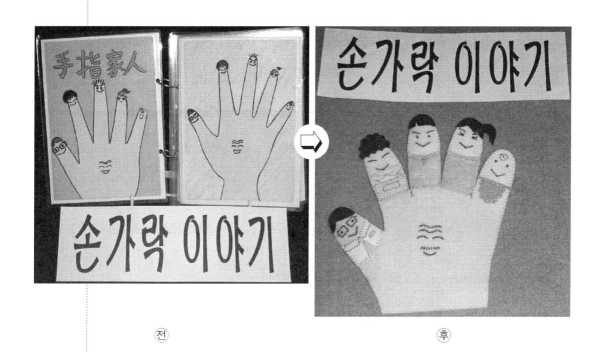

전 후

② 융판자료

(1) 융판자료 제작시 유의점

- 아동이 모이는 집단그룹의 크기에 따라 자료의 크기를 결정한다. 기본적으로 20~40명의 아동을 대상으로 할 때 60×90cm 정도의 크기가 적당하다.
- 제시할 자료의 색상은 융판의 색상을 고려하여 자료가 눈에 잘 띄고 조화로운 색이어야 한다.
- 여러 장소를 자유롭게 이동할 수 있도록 융판의 무게가 무겁지 않아야 한다.
- 뒷면에 붙이는 융, 찍찍이 등이 진행도중에 떨어지지 않도록 접착성을 고려한다.

(2) 융판 자료의 실제 응용

〈숫자판〉

전 → 후

- 삼각대의 받침이 튼튼하지 않고 그림이 복잡하여 아동들의 주의를 분산 시킬 수 있으므로 한눈에 알아볼 수 있도록 숫자판을 준비하는 것이 좋다.
- 삼각대를 만드는 것보다는 삼각받침이 붙어 있는 달력을 이용하는 것이 튼튼하다.

〈같은 그림 찾기〉

- 자료의 크기가 커서 유아들에게 제시해주고 보관하기에 어렵다. —크기가 큰판에 고정되어 있는 것보다는 판 없이 활용하는 것이 좋다.
- 한 가지 주제를 정해서 주제에 맞게 그림을 선택한다(과일, 동물 등……).
- 숫자와 그림을 바꿀 수 있도록 그림을 떼었다 붙였다 하는 것이 좋다. —아동이 시간이 지남에 따라 숫자와 그림을 외우는 경우가 있다.
- 처음부터 1~10까지의 숫자를 제시해 주는 것보다는 1~5까지의 숫자만 제시해 주고 점점 숫자를 늘려간다. — I수준 1~5까지, II수준은 1~10까지.

3 — 자석자료

(1) 자석자료 제작시 유의점

- 진행도중 자석의 자료들이 떨어지게 되면 유아들의 흥미가 분산되어 흥미를 잃을 수 있으므로 자석의 세기에 유의하여 제작한다.
- 자석자료를 붙이는 철판에 칠을 할 경우, 윤기가 나는 파스텔 컬러 또는 페인트와 같은 것을 쓰면 자력을 잃게 되어 자료가 잘 떨어지므로 유의한다.
- 사용하는 자료의 크기에 따라 여러 개의 자석을 붙이게 되는 경우 자석의 극과 힘의 중심 등을 확인한다.

(2) 자석자료의 실제응용

〈숫자 속에는〉

- 찍찍이를 이용하여 숫자를 하나씩 떼어 내면 밑면에 붙어 있는 보슬이 때문에 아동들이 그림을 착각하기 쉽다.
- 고무자석과 함석판을 사용하여 숫자퍼즐 뒷면에는 고무자석을 퍼즐판 뒷면에는 함석을 붙인다.
- 주제에 따라서 그림만 바꾸어 사용하면 오래 사용할 수 있다.

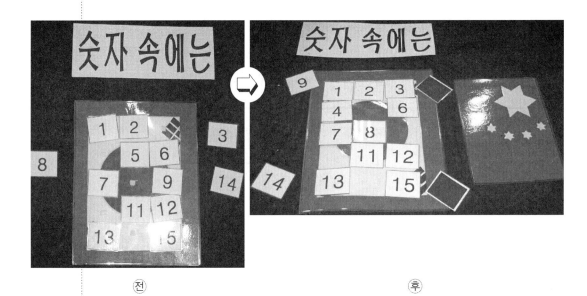

ⓣ전ⓣ ㅤㅤㅤㅤㅤㅤㅤㅤㅤㅤㅤㅤㅤㅤㅤㅤㅤ ⓣ후ⓣ

4 — 주사위

(1) 기본모양 주사위

- 정육면체를 펼친 그림으로 자르고 점선에는 칼집을 넣어 접는다.
- 아동의 연령이나 수준에 따라 ・점(::)의 개수
  ㅤㅤㅤㅤㅤㅤㅤㅤㅤㅤㅤㅤㅤㅤ・숫자
  ㅤㅤㅤㅤㅤㅤㅤㅤㅤㅤㅤㅤㅤㅤ・지시문 (예, 오른쪽으로 2칸 가기)

(2) 바둑알을 이용한 주사위

- 바둑알을 한 모서리에 놓고 손가락으로 살짝 밀어 숫자가 써 있는 원 안에 넣는다.
- 바둑알 멈춘 곳의 숫자만큼 말을 옮긴다.

(3) 끈을 이용한 주사위

- 작은 주사위를 네모난 판에 끈으로 연결시킨다.

- 네모난 판을 두 손으로 잡고 위아래로 움직여 판 위에 주사위가 올라가도록 한다.
- 주사위가 떨어진 곳의 숫자만큼 말을 옮긴다.

(4) 화살표를 이용한 주사위

- 화살표를 만들어 밑판에 핀으로 고정시킨다.
- 화살표를 손가락 끝으로 살짝 쳐서 돌아가다 멈춘 곳의 숫자에 따라 말을 옮긴다.

(5) 팽이 주사위

- 육각형 또는 팔각형 모양을 팽이처럼 만든다.
- 가운데에 동그란 막대를 꽂아 팽이를 돌리듯이 돌리다 손을 놓는다.
- 팽이가 쓰러지면서 땅에 닿는 면의 숫자나 지시에 따라 말을 옮긴다.

(6) 삼각뿔 주사위

- 지점토를 이용하여 정삼각뿔을 만든다.
- 숫자를 쓴다.
- 주사위를 던진 후 정삼각뿔 끝을 손으로 잡고 바닥에 있는 숫자를 보고 말을 옮긴다.

(7) 인형눈동자 주사위 I

- 아이스크림의 투명한 뚜껑을 잘 씻는다.
- 뚜껑보다 약간 크게 하드보드지를 오린다.
- 인형을 만들 때 사용하는 눈을 6개 정도 넣고 하드보드지와 뚜껑을 붙인다.
- 두 손으로 잡고 위아래로 흔든 다음 바닥에 놓는다. 이 때 인형눈동자가 보일 수도 있고, 뒤집힐 수도 있다. 눈동자의 수만큼 말을 옮긴다.

(8) 인형눈동자 주사위 Ⅱ

- 투명한 계란판을 6칸만 오려낸다.
- 계란판 아래 부분에 인형 눈을 한 개씩 넣고 계란판 위아래를 움직이지 않게 붙인다.
- 완성된 주사위를 두 손으로 잡고 위아래로 흔들다가 바닥에 놓고 눈동자의 수를 센다.

(9) 단추 주사위

- 하드보드지로 육각형 주사위판을 만든다. 이 때 주사위판 양쪽에 손잡이를 만든다.
- 가운데에 실을 끼워 고정시키고 끝에 무거운 단추를 붙인다.
- 손잡이를 잡고 손잡이판을 둥글게 돌리다 멈추어서, 단추가 놓인 곳의 숫자를 센다.

(10) 더하기 카드 주사위

- 0,1,2,3 카드를 각 3개씩 12장 준비한다.
- 더하기 판을 준비한다.
- 카드를 섞어서 쌓은 후 2장을 선택해서 더하기 판에 올려놓는다. 나온 숫자를 더해서 사용한다.

(11) 공기돌 주사위

- 공기돌 6개를 준비한다.
- 공기돌을 한 손으로 위로 던져서 손등으로 받는다. 손등에 올린 공기돌 수를 센다.
- 어린 아동이 손등에 받기 어려우면, 한 손으로 공기돌을 위로 던진 후 손바닥으로 공기돌을 받아서 셀 수도 있다.

(12) 주사위 속의 주사위

- 기본모양 주사위를 만들고 겉에 그것보다 큰 기본모양 주사위를 투명한 것으로 만든다.
- 주사위를 던져 바깥 주사위 숫자와 안쪽 주사위 숫자를 더한 수만큼 옮긴다.

제6장

어린이 한자교육

어린이 한자교육의 이해

한자의 원리를 이야기하면 가장 먼저 머리에 떠오르는 것이 상형문자라 할 수 있다. 한자를 처음 접하면서 '뫼 산(山)' 자나 '내 천(川)' 자를 배울 때 산이나 강의 모습을 그려가며 배운 기억은 누구에게나 있으나, 그 이후에는 왜 이렇게 가르쳐주지 않을까 하는 의구심이 든다. 이는 상형문자가 전체 한 자에서 차지하는 비율이 1% 미만이며, 전체 한자의 97%는 뜻을 나타내는 글자(日, 土, 金, 女 등)와 소리를 나타내는 글자(靑, 賁, 同, 古 등)가 합쳐 져 만들어진 형성문자(晴, 坟, 铜, 姑 등)이기 때문이다.

따라서 뜻을 나타내는 글자 135개와 소리를 나타내는 글자 215개만 기억 하면 이 두 가지를 조합하여 2,200여 자의 한자를 배울 수 있다. 곧, 2,200 여 자만 위에서 이야기한 대로 배우면, 나머지 9만 자를 배우기는 더 쉽다는 말이다. 왜냐하면 나머지 글자의 대부분은 형성문자이기 때문이다.

1 ── 효과적인 한자교육

(1) 한자의 부수는 일단 기억하자

한자를 알기위해 맨 먼저 해야 할 일은 한자의 기본인 부수(部首)를 익히는 일이다. 한자의 부수는 한자학습의 기본이 되는 과정으로 예를 들어 '분해한다'는 뜻의 해(解) 자를 보면 뿔 각(角), 칼 도(刀), 소 우(牛) 자를 합쳐서 만들었고, 좋을 호(好) 자는 여자 녀(女)와 아들 자(子) 자를 합쳐서 만든 글자이다. 대부분의 한자는 이 부수를 결합하여 만들기 때문에 한자를 외우려면 부수를 반드시 기억해야 한다.

(2) 부수의 뜻을 기억할 때에는 부수가 가지고 있는 원래의 뜻도 함께 익혀야 한다

모든 부수는 뜻과 소리를 가지고 있다. 예를 들어 '귀 이(耳)' 자는 '귀'라는 뜻과 '이'라는 소리를 함께 외어야 한다. 하지만 부수의 뜻이, 처음 만들었을 때의 뜻과 달라진 글자들도 있다.

예를 들어 손톱 조(爪), 또 우(又), 왼손 좌(屮), 고슴도치 머리 계(彐)자를 처음 만들었을 때는 모두 '손'이라는 뜻을 가졌다. 실제로 이 4글자의 상형문자를 보면, 방향만 다를 뿐 똑같이 생겼다. 이들 부수가 다른 글자 속에 들어가면, 대부분의 경우에 처음 만들어졌을 때의 뜻을 나타낸다. 예를 들어, 물건을 받는다는 의미의 '받을 수(受)' 자를 보면 '손톱 조(爪)' 자와 '또 우(又)' 자가 아래위로 들어가 있다. 즉 한 손(爪)으로 주고 다른 손(又)으로 받는 모습이다. '잡을 병(秉)' 자는 '벼 화(禾)' 자와 '고슴도치 머리 계(彐)' 자가 합쳐진 글자인데, 벼(禾)를 손(彐)으로 잡고 있는

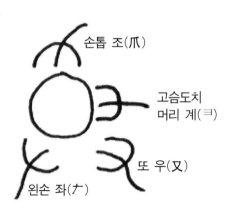

손톱 조(爪)

고슴도치 머리 계(彐)

또 우(又)

왼손 좌(屮)

모습이다.

(3) 편방의 결합으로 글자를 외우자

편방(偏旁)이란 한자를 이루고 있는 기본 단위이다. 앞서 이야기한 회의문자나 형성문자를 분해하면 두 개 이상의 글자로 쪼개지는데, 이 각각을 편방이라 부른다. 예를 들어 해(解) 자를 이루는 편방은 뿔 각(角), 칼 도(刀), 소 우(牛) 자이다. 이러한 편방은 대부분 상형문자이며, 앞에서 이야기한 한자 부수 214자는 모두 편방이다.

대부분 사람들이 한자를 외우는 방식은 한자 전체를 그대로 머릿속에 집어넣는 방법을 사용하고 있다. 하지만 글자 전체를 그냥 외우던 방법을 버리고, 글자를 이루는 편방들을 외우는 습관을 갖는 것이 바람직하다.

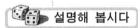
설명해 봅시다

▶ 해(解)   ▶ 영묘할 령(靈)

② ── 한자가 만들어진 원리

(1) 상형문자

한자의 0.5% 미만을 차지하며, 물건의 모양을 본떠 만든 글자로서, 한자의 부수는 대부분 상형문자이다. 물고기 모양을 본 따 만든 글자인 '물고기 어(魚)' 자가 이에 속한다.

　　예 뫼 산(山), 내 천(川), 눈 목(目), 귀 이(耳)

(2) 지사문자

한자의 0.2% 미만을 차지하며, 물건의 모양을 본떠 만들 수 없는 글자를 만들기 위해 기호를 사용하여 만든 글자이다. 예로 '끝 말(末)' 자는 나무 목(木) 자의 맨 위에 선(一)을 하나 그어 나무의 끝부분이라는 뜻으로 '끝'이란 의미를 나타낸다.

> 예 끝 말(末), 밑 저(氐), 위 상(上), 아래 하(下), 오목할 요(凹), 볼록할 철(凸)

(3) 회의문자

한자의 2~3% 정도를 차지하고, 글자 몇 개가 모여서 만들어진 글자로서, 새로운 뜻을 가지고 있다. 소(牛)에서 뿔(角)을 칼(刀)로 분해한다는 의미의 '분해할 해(解)' 자가 이에 속한다.

> 예 쉴 휴(休), 수풀 림(林), 논 답(畓), 믿을 신(信)

(4) 형성문자

한자의 97%를 차지하며, 뜻을 나타내는 글자와 소리를 나타내는 글자가 합쳐져 만들어진 글자이다. 고기 어(魚) 자와 소리를 나타내는 푸를 청(靑) 자가 합쳐진 글자 '청어 청(鯖)' 자가 대표적인 예가 된다.

> 예 고함지를 포(咆), 거품 포(泡), 배부를 포(飽), 구름 운(雲), 이슬 로(露),
> 서리 상(霜)

따라서 아무런 이유 없이 알파벳이 모인 영어 단어 하나를 외우기보다는, 모여야 할 이유가 분명한 한자 한 글자를 외우기가 훨씬 쉽다. 곧, 뜻을 나타내는 글자 135개와 소리를 나타내는 글자 215개만 암기하면 이 두 가지를 조합하여 2,200여 자의 한자를 배울 수 있도록 하였다. 한 걸음 더 나아가 2,200여 자만 배우면, 나머지 9만 자를 배우기는 더 쉽다. 나머지 글자의 대부분은 형성문자이기 때문이다.

02 | 어 린 이 한 자 교 육 의 실 제

1 ─ 흥미로운 한자학습

한자를 외울 때에는 무작정 외울 것이 아니라, 한자를 이루고 있는 부수들과, 만들어진 원리를 잘 이해해서 외우면 쉽게 배울 수 있다. 여기에 흥미를 끌 만한 다양한 소재를 제공할 수 있다면, 자칫 지루할 수 있는 한자학습에 새로운 힘을 불어넣어 줄 수 있다.

(1) 물붓으로 그리기

칠판이나 두꺼운 도화지에 물을 살짝 묻혀 붓으로 멋지게 한자를 써 본다.

(2) 다양한 색깔의 펜으로 쓰기

색깔뿐만 아니라, 느낌이 다양한 네임펜, 싸인펜, 색연필, 매직펜 등 쓸 때 표현되는 펜의 굵기와 느낌이 다양한 펜을 주어 아동들의 감각과 흥미를 일깨우는 노력이 필요하다.

(3) 다양한 질감, 다양한 색깔의 종이위에 쓰기

한지, 도화지, 일반 종이, 검정도화지, 색종이, 색지 등 다양한 질감을 주는 종이와 다양한 색깔의 종이를 제공하여 아동들이 한자를 쓰며, 색다른 느낌을 갖고 쓰기에 흥미를 느끼도록 하는 다양한 동기부여를 해 준다.

(4) 흰색 크레파스를 이용한 매직 한자 쓰기

흰색 바탕의 스케치북 위에, 흰색 크레파스로 잘 외워지지 않는 한자를 크게
써 놓고 물감을 이용하여 붓으로 흰 바탕을 칠하면 아무것도 보이지 않았던
스케치북 위에 조금씩 마술처럼 한자가 보이며, 아동들의 호기심을 자극할 수
있다.

(5) 투명풀을 이용한 반짝반짝 한자 쓰기

종이 위에 물풀로 멋지게 한자를
쓴 다음에 신문지 위에 그 한자 쓴
종이를 놓고, 색모래, 톱밥 또는 반
짝이 가루를 뿌리고 가루를 정리하
면 너무나 근사한 한자쓰기 작품이
완성된다.

(6) 핑거페인팅 기법을 이용한 한자 쓰기

핑거페인팅(finger painting)이라 함은 '손가락으로 물감을 찍어 그리는 미술
기법'으로 아동미술에서 쉽게 응용할 수 있는 점은 색깔풀을 종이 위에 넓게
펴 바르고, 그 위에 손가락을 이용하여 크게 한자를 써 본다면, 색다른 감각을
이용한 한자 쓰기 활동이 됨에 틀림없다.

2 ── 재미있는 한자 놀이 및 게임

(1) 짝이 되는 한자 카드 찾기

① 일정한 규격의 한자가 쓰여 진 한자카드를 똑같은 것으로 두 장씩 준비한다.

② 가위바위보를 하여 먼저 순서를 정한다. 순서에 따라 동시에 한자가 쓰인 카드 두 장을 동시에 뒤집어 확인한다.

③ 두 장 카드 모두가 같은 한자인 경우 카드를 가져갈 수 있다.

④ 카드가 마지막으로 두 장 남았을 때에 게임은 종료되고, 이때 가장 많은 카드를 갖고 있는 사람이 이기게 된다.

(2) 한자 퍼즐 맞추기

① 먼저 아무 그림이나 글자가 없는 두꺼운 도화지(혹은 시중 퍼즐판)를 준비한다.

② 종이 혹은 판 위에 한자와 연관 그림을 간단히 그린다.

③ 한자와 그림이 준비된 것을 바닥에 쏟아 놓고, 동시에 재빨리 맞추기 시작한다. 먼저 모든 퍼즐조각을 다 맞추는 사람이 승리한다.

④ 때에 따라서는 칠판에 퍼즐 한 조각을 제시하고 이야기 나누기 형식으로 아동들에게 이것이 무슨 한자인지를 각자 유추하도록 한다.

⑤ 주의할 점은 카드가 너무 많을 경우 2장을 같은 것으로 뽑을 확률이 낮아지게 되고 아동의 게임에 대한 흥미가 쉽게 떨어질 수 있으므로, 준비하는 카드는 5~6세트 정도가 가장 적당하다.

(3) 한자 빙고게임

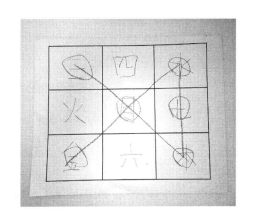

① 종이에 큼직하게 9칸을 그려 준비한다.

② 범위를 정해 배운 것 중 9개의 한자를 뽑아, 칸마다 9개의 한자를 각 칸에 한 자씩 써 놓도록 한다.

③ 가위바위보로 순서를 정해 한자를 하나씩 부르며 먼저 대각

선이나 직선으로 연이어 3줄을 완성하는 사람이 "빙고"를 외치면 게임은 끝나는 것으로 한다.

④ 수준별 게임을 위하여 9칸이 조금 쉬울 경우, 4칸 4줄씩 16칸, 5칸 5줄씩 25칸을 준비하여 난이도를 조절할 수 있다.

(4) 땅따먹기 게임

① 우리나라 지도를 그린 후, 각 도를 표시하고 각 도명을 쓰는 대신 칸마다 배운 한자를 써 놓는다.

② 색깔이 다른 색연필을 두 개 준비한 후, 가위바위보로 순서를 정해 서로가 아는 한자(예를 들면, 나무 목 木)를 하나씩 음과 뜻을 모두 말한다.

③ 대답이 맞는 곳에 자신의 색깔 크레파스로 영역을 표시한다.

④ 적절한 칭찬이나 즉각적인 보상(예를 들면, 사탕 등)을 주면 더욱 좋다.

(5) 로봇손 게임

① 배운 한자 카드를 늘어놓는다. 선생님이 한자를 말하면 로봇손을 이용하여 집는다.

② 빨리 집는 사람이 승리한다.

③ 난이도를 달리 하기 위해, 선생님이 한자를 말할 때 소리 내지 않고 입모양만으로 힌트를 준다.

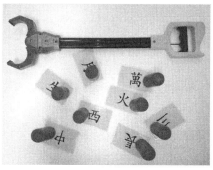 

참고문헌

경기도초등영어연구회(2000),『영어로 진행하는 초등영어 수업전략』, 경기도교육청.

교육부(1996), 유아언어교육 활동자료,『연구보고서』.

권옥자 외(2002),『유아를 위한 교수 공학과 매체』. 형설출판사.

김미자(1997),「초등학교 3학년 영어교과서 분석」. 한양대학교 석사학위논문.

김성연(2002),「영어로 진행하는 영어수업에 대한 초등교사의 태도」,『초등영어교육』, 8(2).

김세경(2002),「EFL환경에서의 노래와 챈트의 접근법 및 창의적 반복에 대한 연구」, 『초등영어교육』, 8(1).

김영숙(2002),「제7차 초등영어 3,4학년 교과서의 놀이 활동 및 그 활용 실태」,『초등영 어교육』, 8(2).

김은심외(2001),『유아 교사를 위한 교수매체의 이론과 실제』, 창지사.

김익상, 고희리(2002),「초등영어 교육에서 자유역할놀이의 효과」,『초등영어교육』, 8(2).

김인석, 조은옥(2002),『초등 영어 교육의 이론과 실제』, 북코리아.

김진철(2002),「수준별 역할놀이를 통한 영어불안 해소와 의사소통 능력신장」,『초등영 어교육』, 8(2).

김현진(1999),「주제중심 통합 접근법에 따른 영어교재 내용구성 방안: 주제, 이야기, 탐구활동을 중심으로」,『초등영어교육』, 5(2).

김혜련(1999),「초등영어 수업을 통한 인성교육 방안」,『초등영어교육』, 5(2).

노경희(2002),「제2언어 습득원리와 초등영어 지도」,『초등영어교육』, 6(1).

다이안 필립스 외(2001),『프로젝트로 가르치는 초등영어』, 범문사.

바네사레일리 외(2002),『액티비티로 가르치는 유아영어』, 범문사.

박이도(2003),「언어습득순서와 중간언어오류를 고려한 독일어 교수방법」,『독일어문 학』제21집.

박홍균(2011),『초등원리한자』, 이비락.

부경순(1999),「초등학교에서의 통합적인 영어교육」,『초등영어교육』, 5(2).

소소추(1997),「한국어린이를 위한 중국어교육방안 연구: 초급반을 중심으로」, 단국대 학교 석사학위논문.

소소추(2002),「대한국아동한어교육적연구」, 한국외국어대학교 박사학위논문.

신연옥(2000),「초등영어에서 주제 중심 통합 학습의 효과」,『초등영어교육』, 6(1).

앤드류라이트(2001), 『스토리텔링으로 가르치는 초등영어』, 범문사.

이경우외(2004), 『유아 영어교육의 이론과 실제』, 창지사.

이기숙(1993), 『유아 교육 과정』, 교문사.

이완기(2004), 『초등영어게임101』, 문진미디어.

이영심(2002), 『손동작과 동작놀이』, 창지사.

이희숙(1999), 「21세기를 위한 초등 영어교육: 문학과 이야기 교수법의 중요성을 중심으로」, 『초등영어교육』, 5(1).

지옥정(2002), 『유아교육현장에서의 프로젝트 접근법』, 창지사.

한국교육과정평가원(2002), 초등학교 영어과 교수학습방법과 자료개발연구, 『연구보고서』.

Bruan Gardner, Felicity Gardner(2002), 『교실영어 쉽게 가르치기』, 범문사.

Diane Larsen-Freeman(2003), 『외국어 교육의 기법과 원리』, 도서출판동인.

Fergus P. Hughes(1997), 『유아의 놀이와 발달』, 창지사.

Vivian Cook(2000), 『제2언어 학습교수론』, 형설출판사.

靳洪刚(1997), 『语言获得理论研究』, 中国社会科学出版社.

李宇明, 唐志东(1992), 『汉族儿童问句系统习得探』, 华中师范大学出版社.

李宇明(1995), 『儿童语言的发展』, 湖北:华中师范大学出版社.

刘珣(2001), 『对外汉语教育学引论』, 北京语言大学出版社.

刘珣(2002), 『汉语作为第二语言教学简论』, 北京语言大学出版社.

世界汉语教学编辑部等编(1994), 『语言学习理论研究』, 北京语言学院出版社.

束定芳, 庄智象(1996), 『现代外语教学』, 上海外语教育出版社.

徐云(2000), 『儿童早期教学与训练』, 浙江教育出版社.

周国光, 王葆华(2001), 『儿童句式发展研究和语言习得理论』, 北京语言文化大学出版社.

Jean Stilwell Peccei(2000), 『儿童语言』, 外语教学与研究出版社.

Peter A Devilliers(2000), 『幼年语言』, 沈阳:辽海出版社.

Rod Ellis(2000), 『第二语言习得』, 上海外语教育出版社.

| 신현숙 |

현)   숭실사이버대 영어중국어학부 겸임교수
       신현숙중국어한자 대표
       서울신정초등학교 이중언어교실 중국어책임교사
       JRC 커이커이 어린이 중국어 지도자과정 전임 강사

전)   다솔유치원 원장
       목동 CBS 어학원 원장
       이화여대, 서강대, 한서대, 인덕대 등 대학평생교육원 〈어린이중국어지도사〉 과정 책임강사
       한국대학평생교육원협의회 자격검정시험 〈어린이중국어지도사〉 과정 개발

저서) 『핑구어 중국어』 시리즈(신현숙 중국어 한자)
       『룰루랄라 어린이 중국어』 시리즈 일어서기, 걸어가기, 뛰어가기 편(동양문고)
       『룰루랄라 어린이 중국어 교사용 지도서』 외 다수

| 이정희 |

현)   인덕대학 중국어과 교수
       인덕대학 평생교육원 〈어린이중국어지도사〉 과정 책임교수

전)   한국대학평생교육원협의회 자격검정시험 〈어린이중국어지도사〉 과정 개발

학력) 가톨릭대학교 중어중문학과 졸업
       중국 상해사범대학교 현대한어 전공 석사
       중국 상해사범대학교 현대한어 어법 전공 박사

역서) 『HSK 초·중등 유형별 연습(6급 넘기기)』(북코리아, 2004)